Ulrich Hagemann

# 44 kreative Wege zur mündlichen Note Geschichte

## Tipps und Methoden für abwechslungsreiche und faire mündliche Leistungserhebungen

S. 54 Plakat © Ulrich Hagemann
S. 67 Stopp © Archiwiz/shutterstock.com

Gedruckt auf umweltbewusst gefertigtem, chlorfrei gebleichtem und alterungsbeständigem Papier.

1. Auflage 2018


Covergestaltung: Daniel Fischer Grafikdesign, München
Illustrationen: Steffen Jähde, Thorsten Trantow
Satz: Fotosatz H. Buck, Kumhausen
Druck und Bindung: Korrekt Nyomdaipari Kft, Budapest
ISBN 978-3-403-**08221**-7

www.auer-verlag.de

# Inhaltsverzeichnis

# Einleitung

*Er [i. e. Ordinarius Doktor Mantelsack] war von einer ganz ausnehmenden, grenzenlos naiven Ungerechtigkeit, und seine Gunst war hold und flatterhaft wie das Glück. Stets hatte er ein paar Lieblinge, zwei oder drei, die er „Du“ und mit Vornamen nannte, und die es gut hatten wie im Paradiese. Sie konnten beinahe sagen, was sie wollten, und es war dennoch richtig; und nach der Stunde plauderte Doktor Mantelsack aufs menschlichste mit ihnen. [...]*
*Nun kreuzte Doktor Mantelsack im Stehen die Beine und blätterte in seinem Notizbuch. Hanno Buddenbrook saß vornübergebeugt und rang unter dem Tische die Hände. Das B, der Buchstabe B war an der Reihe! Gleich würde sein Name ertönen, und er würde aufstehen und nicht eine Zeile wissen, und es würde einen Skandal geben, eine laute schreckliche Katastrophe, so guter Laune der Ordinarius auch sein mochte [...]*

*(Thomas Mann: Buddenbrooks. Fischer Verlag, Frankfurt 1960. S. 725 f.)*

Auch wenn es heute nur noch wenige Lehrer[1] geben dürfte, die mit gezücktem Notenbuch zu Stundenbeginn ihre Schüler scharf examinieren, und heute weder Lehrer im von Thomas Mann beschriebenen Sinne in ihrer „ganz ausnehmenden, grenzenlos naiven Ungerechtigkeit“ allmächtig sind noch mündliche Abfragen für Schüler in „laute schreckliche Katastrophen“ führen, so sind doch die im Auszug aus dem Roman „Buddenbrooks“ ausgedrückten Empfindungen aktuell:

- die Scham der Schüler, zumal der schüchternen und zurückhaltenden, bei öffentlicher Bloßstellung und die Angst vor dem Versagen;
- die Zweifel sowohl der Schüler wie auch vieler Lehrer an der Objektivität und Gerechtigkeit einer mündlichen Abfrage;
- das Unbehagen insbesondere der Schüler bezüglich immer gleich ablaufender Prüfungssituationen (zumal, wenn man mit der jeweils praktizierten Form weniger gut zurechtkommt).

Die mit der mündlichen Leistungsfeststellung verbundenen Fragen und Probleme reichen dabei weiter, als es zunächst den Anschein haben mag. Tatsächlich wird nämlich hier sowohl das Rollenverständnis von Schülern und Lehrern als auch ihr Verhältnis zueinander besonders deutlich. Deshalb ist die mündliche Abfrage wohl auch dort das beliebteste Motiv, wo die Schul- und Unterrichtswirklichkeit literarisch oder filmisch verarbeitet wird. Mit anderen Worten: In der Art, wie man mündliche Leistungen ermittelt (im extremsten Fall mündlich prüft), drückt man sein Selbstverständnis als Lehrer aus und wird darin auch in besonderer Weise von den Schülern wahrgenommen. Jeder Lehrer tut deshalb gut daran, sein Tun in diesem Bereich von Zeit zu Zeit kritisch zu reflektieren.

Mit den in diesem Buch versammelten „44 kreativen Wegen zur mündlichen Note Geschichte“ werden nun Möglichkeiten aufgezeigt, wie man in der mündlichen Leistungsfeststellung den oben benannten Problemen begegnen kann. „Patentlösungen“ kann es dabei aber nicht geben.

1 Aufgrund der besseren Lesbarkeit ist in diesem Buch mit Schüler auch immer Schülerin gemeint, ebenso verhält es sich mit Lehrer und Lehrerin etc.

Methoden und Tipps können vielmehr immer nur zielgerichtet wirksam sein, müssen also auf das jeweilige Fach, die jeweilige Klasse und nicht zuletzt auf die jeweilige Lehrerpersönlichkeit abgestimmt sein. Im Abschnitt „Grundlagen“ werden deshalb zunächst die den Methoden und Tipps übergeordneten Ziele näher beschrieben; das Kapitel „Grundlagen“ enthält außerdem allgemeine Hinweise zur mündlichen Leistungsfeststellung und deren Organisation.

Die Darstellungen der Methoden / Tipps folgen im Wesentlichen demselben Schema:

Jede Methode / Jeder Tipp ist einem der in den Grundlagen beschriebenen **übergeordneten Ziele** zugeordnet.

Mithilfe von Icons werden Angaben zur Dauer, zu den Jahrgangsstufen sowie ggf. zum benötigten Material gemacht:

 = Dauer

 = in Frage kommende Jahrgangsstufen

 = Material, das über die normale Ausstattung wie Tafel, Papier, Stifte usw. hinaus benötigt wird

Es folgt eine Erläuterung des Tipps bzw. eine **Beschreibung** der Methode. Die Hinweise zur **Durchführung** wurden möglichst knapp gehalten, um eine rasche Handhabung zu ermöglichen. In vielen Fällen verdeutlichen konkrete **Beispiele** die Ausführungen.

Unter **„Weitere Hinweise“** finden sich ergänzende Informationen zum jeweiligen Tipp, aber auch Varianten oder Alternativen.

Mit einem Pfeil (→) wird auf Vorlagen im Anhang verwiesen.

Im **Register** am Buchende finden sich alle dargestellten Tipps und Methoden sowie die als Alternativen benannten Methoden (diese sind in den entsprechenden Abschnitten fett gedruckt) in alphabetischer Reihenfolge aufgelistet.

Viel Erfolg mit den 44 kreativen Wegen zur mündlichen Note Geschichte!

Ulrich Hagemann

# 1 Grundlagen

## 1.1 Was mündliche Leistungen sind

Schulrechtlich wird der Begriff „mündliche Leistung“ in Deutschland nicht einheitlich verwendet. Im weiteren Sinne umfasst der Begriff alle Leistungen, die nicht durch eine vorgegebene Anzahl angekündigter Klassenarbeiten bzw. Klausuren (d. h. den „schriftlichen Leistungen“ im engeren Sinne) erhoben wurden; es ist dann auch von „sonstigen Leistungen“ oder „sonstiger Mitarbeit“ die Rede (in manchen Bundesländern wird hier außerdem zwischen mündlichen und praktischen Leistungen differenziert). In diesem weiteren Sinne fallen also auch medial nicht mündliche Leistungen (z. B. die Heftführung, Hausaufgaben oder Überprüfungen handwerklicher Fähigkeiten) unter diesen Begriff.
Dieser erweiterte Begriffsinhalt muss in dieser Handreichung mitverfolgt werden, da das Narrativitätspostulat im Geschichtsunterricht unter „Geschichtserzählen“ auch schriftliche Äußerungen (oder schriftliche Vorbereitungen solcher Äußerungen) fasst, die gerade nicht im Sinne von „Tests“ oder „Leistungskontrollen“ verstanden werden dürfen. Der Schwerpunkt liegt dennoch auf den mündlichen Leistungen im engeren Sinne, also jenen Leistungen, die auch medial mündlich sind (neben den Wortbeiträgen im Unterricht insbesondere auch Referate bzw. Präsentationen, Debatten u. Ä.); denn solche Leistungen sind mit „mündlich“ auch in der Regel gemeint, wenn die Ausführungen nichts Anderes nahelegen.

## 1.2 Zur rechtlichen Situation

Die rechtliche Definition dessen, was von mündlichen Leistungen in einem Fach erwartet wird und wie diese schulrechtlich zu bewerten sind, erfolgt auf drei Ebenen:

- durch Schulgesetze (hier werden grundlegende Regeln wie z. B. die Notwendigkeit der aktiven Teilnahme am Unterricht oder die Anfertigung von Hausaufgaben definiert);
- in fachspezifischen Lehrplänen (die z. B. die Kompetenzbereiche für das Fach festlegen und Leistungsstandards für diese Kompetenzbereiche definieren);
- in Ausführungsvorschriften (die z. B. die Verfahrensweisen für bestimmte Prüfungsformen oder die Gewichtung in der Notengebung festlegen).

Schulintern wird in der Regel, sofern dies nicht die genannten Rechtsvorschriften festlegen, bestimmt,

- welches Verhältnis zwischen mündlichen, schriftlichen und sonstigen Leistungen gilt und
- welche Grundsätze der Rückmeldung für die Perspektive der Schüler sowie der Eltern bestehen.

Somit müssen Lehrkräfte bezüglich der mündlichen Notengebung in der Lage sein,

- Schülerleistungen an den rechtlichen Grundlagen ausgerichtet zu erheben und von diesen geleitet zu bewerten,
- die Prinzipien der Notengebung und ihre Verzahnung mit dem Unterricht transparent zu machen und
- eine Feedbackkultur zu entwickeln, die in regelmäßigen Abständen Auskunft über die Bewertung der Leistungen gibt und eine Stellungnahme von Schüler- und Elternseite dazu zulässt.

## 1.3 Bewertungsebenen festlegen

Da Lehrkräfte verpflichtet sind, ihre Bewertungskriterien gegenüber den Schülern einerseits und den Eltern andererseits transparent zu machen, empfiehlt sich die Etablierung von Rückmelderoutinen. Diese können zu Schuljahres- bzw. Halbjahresbeginn den Klassen vorgestellt und erläutert und/oder innerhalb von festgelegten Rückmeldezeiträumen (vgl. dazu Tipp 2.1 bis 2.3) ausgeteilt werden.
Dabei ist es wesentlich, dass sich die mündliche Leistungsbewertung an den Kompetenzbereichen des Faches Geschichte ausrichtet: Die alleinige Erhebung von fachunspezifischen Indikatoren wie der Häufigkeit der Aktivität oder der Bereitschaft zur Kooperation reicht hier nicht aus, obwohl jene Aktivitäten für das Zeigen und Ausprägen fachspezifischer Kompetenzen wichtig sind. Es empfiehlt sich also, in der Vorstellung der Bewertungsebenen die fachspezifische Ausrichtung und die Bedeutung von fachübergreifenden Leistungen zu unterscheiden.

**Beurteilungsbereiche im Fach Geschichte (Beispiel):**

<table>
<tr><th>Fähigkeit zum Ermitteln von historischen Informationen aus verschiedenen Medien</th><th>Fähigkeit zum Verbinden von Informationen zu Geschichtserzählungen</th><th rowspan="4">Neigung zur Kommunikation<br><br>(wie stark bringe ich mich in Diskussionen ein, beteilige ich mich am Gespräch im Unterricht …)</th><th rowspan="4">Neigung zur Kooperation<br><br>(wie stark arbeite ich im Team mit, wie aktiv bin ich in Vorträgen mit Partnern …)</th></tr>
<tr><td>z. B. das zielgerichtete Analysieren von Quellen, Darstellungen, Statistiken, Karikaturen …</td><td>z. B. das Erstellen von Kommentaren, von Reden für historische Rollen, von Spielszenen …</td></tr>
<tr><td>Fähigkeit zum Nutzen historischer Methoden</td><td>Fähigkeit zum Formulieren historischer Urteile</td></tr>
<tr><td>z. B. der Quellenkritik, der Analysehilfe für das Erschließen von Bildern, historischen Filmen …</td><td>z. B. im Unterscheiden von historischen und heutigen Perspektiven, von Ursache und Wirkung …</td></tr>
</table>

Eine Ergänzung von prozentualen Anteilen ist, soweit dies schulspezifisch festgelegt wurde oder durch geltende Rechtsvorschriften geregelt ist, möglich und erhöht die Transparenz und Nachvollziehbarkeit, wenn eine solche Matrix z. B. als Rückmeldebogen für die Einschätzung der Leistungen genutzt wird.
Aus der Anzahl der Kompetenzbereiche resultiert allerdings kein prozentuales Verhältnis: Die fachspezifischen Dimensionen stehen in einem Wechselverhältnis und zugleich in einer Abhängigkeit zur Aktivität. Insofern ist eine wie oben angegebene Synopse relevanter Schülerleistungen für die mündliche Benotung zwar ein wichtiges Hilfsmittel für Transparenz und Feedback, aber keine Regel zur mathematischen Ableitung von mündlichen Noten: Eine solche gibt es nicht.

## 1.4 Bewertungskriterien

Ergänzend sind Standards übergreifende Beurteilungskriterien, die den Kompetenzerwerb konkretisieren. Diese sind in den jeweiligen Lehrplänen der Bundesländer festgelegt und beziehen sich im Kern auf die fachspezifischen Kompetenzen, in manchen Fällen auch auf fachübergreifende Kompetenzen.

Dies beinhaltet zwei Schwierigkeiten, denen man aber bei konsequenter Kompetenzorientierung nicht aus dem Weg gehen kann: a) Fachspezifische Standards und ihre unterschiedlichen Niveaustufen sind in der Regel für Schüler (und auch Eltern) schwerer zu verstehen als Aussagen über die allgemeine Unterrichtsvorbereitung oder Mitarbeitsleistungen. b) Da fachspezifische Kompetenzen vernetzt ineinandergreifen, lässt sich die resultierende Kompetenzperformanz von Schülern nur schwer quantifizieren.

Daher werden hier zwei Wege skizziert: Der erste bezieht sich konsequenter auf den Grundgedanken der Kompetenzorientierung in seiner Vernetztheit, ist dabei aber (notwendigerweise) weniger klar in seiner quantitativen Aussage (Tabelle 1). Der zweite orientiert sich an der in den meisten Schulformen üblichen Notenskala (ist daher quantitativ klarer), schwächt aber gleichzeitig das nur qualitativ evaluierbare Zusammenwirken der fachspezifischen Kompetenzen (Tabelle 2).

**Tabelle 1: Beurteilungskriterien bezogen auf den Kompetenzerwerb (Beispiel)**

<table>
<tr><th colspan="2">Fähigkeit zum Ermitteln von historischen Informationen aus verschiedenen Medien</th><th colspan="2">Fähigkeit zum Verbinden von Informationen zu Geschichtserzählungen</th><th colspan="2">Neigung zur Kommunikation</th><th colspan="2">Neigung zur Kooperation</th></tr>
<tr><td>+</td><td>sehr sicher, vernetzt und selbstständig</td><td>+</td><td>sehr sicher, vernetzt und selbstständig</td><td rowspan="2">+</td><td rowspan="2">stets aktiv und mit sehr überzeugenden Beiträgen</td><td rowspan="2">+</td><td rowspan="2">stets aktiv und sehr konstruktiv in der Teamarbeit</td></tr>
<tr><td>o</td><td>überwiegend sicher, vernetzt, selbstständig</td><td>o</td><td>überwiegend sicher, vernetzt, selbstständig</td></tr>
<tr><td>–</td><td>nur im Ansatz sicher, vernetzt, selbstständig</td><td>–</td><td>nur im Ansatz sicher, vernetzt, selbstständig</td><td rowspan="3">o</td><td rowspan="3">überwiegend aktiv und mit angemessenen Beiträgen</td><td rowspan="3">o</td><td rowspan="3">überwiegend aktiv und konstruktiv in der Teamarbeit</td></tr>
<tr><th colspan="2">Fähigkeit zum Nutzen historischer Methoden</th><th colspan="2">Fähigkeit zum Fällen historischer Urteile</th></tr>
<tr><td>+</td><td>sehr sicher, vernetzt und selbstständig</td><td>+</td><td>sehr sicher, vernetzt und selbstständig</td></tr>
<tr><td>o</td><td>überwiegend sicher, vernetzt, selbstständig</td><td>o</td><td>überwiegend sicher, vernetzt, selbstständig</td><td rowspan="2">–</td><td rowspan="2">kaum aktiv und mit Defiziten in den Beiträgen</td><td rowspan="2">–</td><td rowspan="2">kaum aktiv und mit Defiziten in den Beiträgen</td></tr>
<tr><td>–</td><td>nur im Ansatz sicher, vernetzt, selbstständig</td><td>–</td><td>nur im Ansatz sicher, vernetzt, selbstständig</td></tr>
</table>

Obige Tabelle kann zur individuellen Rückmeldung des Leistungsstandes genutzt werden (vgl. dazu auch die Feedback-Methode in Kapitel 2.1). Es wäre eine Möglichkeit, die Matrix zu kopieren und durch ein Ankreuzen der beobachteten Kompetenzstände darzulegen, weswegen eine bestimmte Benotung vorgenommen wurde. Dabei lassen sich Kreuze auch zwischen zwei Niveaukonkretisierungen (zwischen „+“ und „o“ usw.) setzen und damit weitere Abstufungen vornehmen.

**Beispiel**

→ Anhang, S. 60 (Vorlage): Rückmeldung zur mündlichen Benotung im Fach Geschichte 1

Eine reduzierte und schnellere Variante verwendet nur die Symbole für das Einlösen der Standards (+/o/–). Es ist auch denkbar, dass in einer Lerngruppe nur einmal die ausführliche und dann stets die reduzierte Variante genutzt wird.

**Beispiel**

→ Anhang, S. 60 (Vorlage): Rückmeldung zur mündlichen Benotung im Fach Geschichte 2

Eine an der Notenskala ausgerichtete Kriterienbildung kann folgendermaßen aussehen. Auch diese ist als Rückmeldebogen einsetzbar, indem die Bewertung in der ersten Spalte eingetragen wird und Konkretisierungen in der zweiten Spalte (z. B. durch Kreuze, Unterstreichungen oder Symbole) erfolgen.

**Tabelle 2: Beurteilungskriterien bezogen auf die Notendefinition (Beispiel)**

| | **Kriterien für die Leistungsfeststellung im mündlichen Bereich des Fachs Geschichte** |
|---|---|
| **Note 1 (15–13 Punkte)** | □ sehr ausgeprägte fachbezogene Kompetenzen (historische Analysen durchführen, historische Methoden beherrschen, historische Urteile fällen, historische Narrationen erstellen)<br>□ äußerst überzeugende Erledigung gestellter Aufgaben<br>□ stets sehr aktive Kommunikation und Kooperation im Fach |
| **Note 2 (12–10 Punkte)** | □ ausgeprägte fachbezogene Kompetenzen (historische Analysen durchführen, historische Methoden beherrschen, historische Urteile fällen, historische Narrationen erstellen)<br>□ überzeugende Erledigung gestellter Aufgaben<br>□ aktive Kommunikation und Kooperation im Fach |
| **Note 3 (9–7 Punkte)** | □ angemessene fachbezogene Kompetenzen (historische Analysen durchführen, historische Methoden beherrschen, historische Urteile fällen, historische Narrationen erstellen)<br>□ gestellte Aufgaben im Fach werden erfüllt<br>□ zuverlässige Kommunikation und Kooperation im Fach |
| **Note 4 (6–4 Punkte)** | □ teilweise ausgeprägte fachbezogene Kompetenzen (historische Analysen durchführen, historische Methoden beherrschen, historische Urteile fällen, historische Narrationen erstellen)<br>□ gestellte Aufgaben im Fach werden nicht durchgehend erfüllt<br>□ stellenweise Kommunikation und Kooperation im Fach |
| **Note 5 (3–1 Punkte)** | □ kaum ausgeprägte fachbezogene Kompetenzen (historische Analysen durchführen, historische Methoden beherrschen, historische Urteile fällen, historische Narrationen erstellen)<br>□ gestellte Aufgaben im Fach werden oft nicht erfüllt<br>□ nur seltene Kommunikation und Kooperation im Fach |
| **Note 6 (0 Punkte)** | □ gering oder gar nicht ausgeprägte fachbezogene Kompetenzen (historische Analysen durchführen, historische Methoden beherrschen, historische Urteile fällen, historische Narrationen erstellen)<br>□ gestellte Aufgaben im Fach werden fast nie oder nie erfüllt<br>□ Kommunikation und Kooperation im Fach findet fast nie oder nie statt |

## 1.5 Ziele der Leistungsfeststellung bestimmen

Ein nicht auflösbares Dilemma im schulischen Kontext besteht darin, dass Lernaufgaben zur Ausprägung fachspezifischer und fachübergreifender Kompetenzen in der Regel auch zur Diagnose und Evaluation vorhandener Kompetenzstände hinzugezogen werden und genutzt werden müssen: Unterricht kann die idealtypische Unterscheidung von Lern- und Leistungsaufgaben nur sehr bedingt umsetzen. Das gilt insbesondere für den mündlichen Bereich, da bei konsequentem Aussparen der Leistungsfeststellung in Lernsituationen bewertbare mündliche Leistungen nur im Rahmen mündlicher Leistungskontrollen entstehen. Dies erscheint für alle Beteiligten kaum zufriedenstellend, sollte aber Lehrkräften bewusst sein und Lernenden transparent gemacht werden.

Wenn also Lernsituationen zur Leistungsfeststellung (und damit zur Notengebung) genutzt werden, muss man über legitime Kriterien und fördernde Rahmenbedingungen für mündliche Leistungsperformanz Rechenschaft abgeben. Zu den Qualitätskriterien legitimer Leistungserhebung gehören dabei:

- Objektivität, Reliabilität und Validität, d. h. die Erhebung muss unabhängig von einer bestimmten Person, zuverlässig in Bezug auf die eingesetzten Instrumente und gültig für die Standards mündlicher Leistungen sein;
- Iteration und Kumulation, d. h. Leistungserhebungen müssen sich in (möglichst regelmäßigen) Abständen wiederholen, damit die Beobachtungen geprüft sowie Kompetenzentwicklungen (in der Anforderungsbewältigung, der Vernetzung und im Transfer) berücksichtigt werden;
- Verzahnung von Diagnostik und Förderung, d. h. bei diagnostizierten Schwierigkeiten in der Kompetenzentwicklung muss diesen mit individuellen und lerngruppenspezifischen Förderinstrumenten begegnet werden.

Förderliche Rahmenbedingungen für quantitative und qualitative Zunahmen in der mündlichen Leistungsfähigkeit von Schülern bestehen vor allem auf zwei Ebenen:

- in der Bereitstellung motivierender und die Beteiligung erleichternder Lernsituationen für möglichst viele Lernende;
- im Abbau von Hemmungen in der Kommunikation und Kooperation bis hin zu Interventionsstrategien bei Ängsten vor mündlicher Beteiligung.

Manche der oben beschriebenen Ziele bedingen und überschneiden einander: So wird man beispielsweise mit dem Versuch, unterschiedlichen Lerntypen gerecht zu werden, sicher auch Ängste mancher mindern und die Bewertung zugleich objektivieren. Wenn also im Folgenden die verschiedenen Ziele unabhängig voneinander in der Abfolge der Kapitel betrachtet werden, dann nur, um dadurch Orientierung und Handhabbarkeit der Darstellung zu erleichtern.

In Kapitel 2 „**Leistungsfeststellung objektivieren und für die Förderung nutzen**“ werden Methoden vorgestellt, die ausgehend von der Transparenz über Kriterien der Notengebung (Tipp 2.1) Rückmelderoutinen vonseiten der Lehrkraft entwickeln (Tipp 2.2) und die Schülerperspektive in den Prozess der Notengebung einbinden (Tipp 2.3 und 2.4). Von dieser Basis der Benotung aus entwickeln Lehrende und Lernende die Unterrichtsqualität (bezogen auf die mündliche Mitarbeit) weiter (Tipp 2.5) und erstellen Aufgaben zur gezielten Verbesserung von Narrativität (Tipp 2.6 und 2.7).

Um „**Schüler zur Mitarbeit zu motivieren**“, schlägt Kapitel 3 Methoden vor, die durch offene Gesprächssituationen für viele Schüler anschlussfähig sind (vgl. Brainstorming – Tipp 3.1 –

oder Kugellager – Tipp 3.4), individuelle Stärken fördern (so bei der Geschichtswurzel – Tipp 3.5 – oder den Schlüsselbildern – Tipp 3.7) und vielfältiges Schülerhandeln ermöglichen (vgl. Gallery Walk oder Feature, Tipp 3.11 und 3.12). Die Komplexität der vorgestellten Methoden nimmt dabei von 3.1 bis 3.12 zu.

Methoden, die die „**Basis der mündlichen Leistungsfeststellung verbreitern**", schließen sich in Kapitel 4 an: Dabei können Schüler spezifische Interessen in den Unterricht einbringen und so ihre Performanz erweitern (vgl. Live Speaker – Tipp 4.1 – oder Portfolio – Tipp 4.6), fachübergreifende Stärken in historische Lernprodukte einfließen lassen (so im Reisebüro „Zeit & Raum" oder beim Ausstellen von Geschichte, Tipp 4.7 und 4.8) oder spezifische Darstellungsformen vorbereiten (Historische Reden bzw. Kontrafaktisches Erzählen, Tipp 4.3 und 4.4).

Dienten manche Strategien der vorigen Kapitel bereits dem Abbau von Hemmnissen bei der mündlichen Mitarbeit, stellt Kapitel 5 „**Ängste mindern**" dieses Anliegen in den Mittelpunkt: Durch geschützte Interaktion innerhalb der Lerngruppe (Drei-Schritt-Interview – Tipp 5.1 – oder Placemat – Tipp 5.5), spezifische Hilfestellungen für mündliches Mitarbeiten (Diskursperspektiven unterstützen – Tipp 5.2 – oder Teamwork – Tipp 5.7) bzw. das Vorbereiten überschaubarer Inhalte für den Lernkontext (Inputreferate, Tipp 5.6) werden Situationen geschaffen, die möglichst angstfreies Interagieren befördern.

„**Unterschiedlichen Lerntypen gerecht werden**" rückt schließlich in Kapitel 6 ins Blickfeld, dass Schüler über unterschiedliche Kanäle historisches Wissen erwerben und dieses auch in unterschiedlicher Art und Weise kommunizieren: So ist aktives Hören für den Lehrerchecker (Tipp 6.1) von großem Vorteil (vgl. dazu auch das Referatsecho bei Tipp 3.8), auditive Stärken kommen auch beim Hörspiel zum Zuge (Tipp 6.8). Haptisch geprägte Lerner können über die Fünf-Finger-Methode (Tipp 6.3) Wissen erwerben und vernetzen. Visuell ausgerichteten Schülern helfen Standbilder (Tipp 6.5) oder Rollenspiele (Tipp 6.9), historische Erkenntnisse zu gewinnen und zu vertiefen.

## 1.6 Methoden / Tipps und ihre Ziele in der Übersicht

| Ziele: / Methoden / Tipps: | LF* objektivieren, fördern | Beteiligung steigern | Schüler motivieren | Ängste mindern | Anderen Lerntypen gerecht werden |
|---|---|---|---|---|---|
| Blitzlicht | | ● | ● | ● | |
| Brainstorming | | ● | ● | | |
| Codename | | | ● | ● | ● |
| Comicplots | | ● | ● | | ● |
| Diskursperspektiven unterstützen | | ● | | ● | |
| Drei-Schritt-Interview | | ● | | ● | |
| Feature | ● | | ● | | ● |
| Fishbowl-Diskussion | | ● | ● | | |
| Förderaufgaben durch Lehrende | ● | | | | |
| Förderaufgaben durch Lernende | ● | ● | | | |
| Fünf-Finger-Methode | | ● | | | ● |
| Gallery Walk | | | ● | | ● |
| Geschichte ausstellen | | ● | ● | | ● |
| Geschichtswurzel | ● | | ● | | |
| Gruppenturnier | | | ● | | |
| Historische Reden | | ● | | | |
| Historische Rollenspiele | | | ● | | ● |
| Historisches Standbild | | | ● | | ● |
| Hörspiel | ● | | | | ● |
| Inputreferate | ● | | | ● | |
| Jeopardy | | | | ● | |
| Kontrafaktisches Erzählen | ● | ● | | | |
| Kugellager | | ● | ● | | |
| Lehrerchecker | | | | | ● |
| Lehrerfeedback geben | ● | | ● | | |
| Live Speaker | | ● | | | ● |
| Meinungsbarometer/-linie | | | ● | ● | |
| Oral History | | ● | | | ● |
| Placemat | | ● | | ● | |
| Plakate gestalten | ● | | ● | | ● |
| Portfolio | ● | ● | | | ● |
| Pyramidenspiel | | | ● | | |
| Referatsecho | ● | | ● | | |
| Reisebüro „Zeit & Raum“ | | ● | ● | | ● |
| Schlüsselbilder | | | ● | | |
| Schülerfeedback organisieren | ● | ● | | | |
| Selbst- und Fremdbewertungen | ● | ● | | | |
| Talkshow | | ● | ● | | |
| Teampräsentationen | | ● | | ● | |
| Teamwork | | ● | | ● | |
| Transparenz herstellen | ● | | | | |
| Treppenhausmethode | | ● | | | ● |
| Unterrichtsqualität evaluieren | ● | ● | | | |
| Zeitung | ● | | ● | | ● |

* LF = Leistungsfeststellung

# 2 Leistungsfeststellung objektivieren und für die Förderung nutzen

## 2.1 Transparenz herstellen

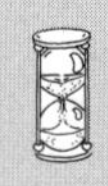
10–15 Minuten, Vorbereitung ca. 30 Minuten

ab Klasse 5

Handout zur mündlichen Benotung (s. Anhang, S. 61)

**Beschreibung**

Durch ein kriterienorientiertes Handout gibt die Lehrkraft zu Beginn des Schuljahres bzw. Halbjahres den Schülern Rechenschaft darüber, welche Kompetenzfelder für die Benotung im Fach Geschichte relevant sind und wie die Schüler über den jeweiligen Stand ihrer mündlichen Leistung informiert werden.

**Durchführung**

In der Regel verlangen rechtliche Vorgaben in den Bundesländern (vgl. dazu 1.2) eine Offenlegung der Grundlagen der Leistungserhebung und deren Kommunikation gegenüber Schülern sowie Eltern.
Eine Routine zur Erhebung der mündlichen Leistungen, die in einem Kommunikationsinstrument mündet und damit eine Feedbackkultur über die Notengebung in der Lerngruppe herstellt (vgl. Tipp 2.2), wird folgendermaßen möglich: Zu Beginn des Schuljahres bzw. Halbjahres wird den Lerngruppen die Routine selbst erläutert. Dazu erhalten sie in einem Handout eine Übersicht über die im Fach Geschichte relevanten Kompetenzen sowie die Routinen bei der Erstellung und Weitergabe der mündlichen Noten (→ Anhang, S. 61: Vorlage).
In einem solchen Handout können andere oder weitere Verfahrensregeln fixiert werden. Zugleich ist hier auch der Raum für Verweise auf zugrunde liegende Rechtsvorschriften (Schulgesetz, Lehrpläne). Neben der Halbjahresplanung sollte diese Übersicht über das Vorgehen bei der mündlichen Notengebung im Hefter ganz vorn einsortiert werden.

**Beispiel**

→ Anhang, S. 61 (Vorlage): Handout zur mündlichen Benotung im Fach Geschichte für Lerngruppen

**Weitere Hinweise**

- Es empfiehlt sich, die Eltern über das Vorgehen bei der mündlichen Benotung zu informieren, da die Weitergabe der Informationen durch die Schüler nicht immer gegeben ist.
- Da Rechtsvorschriften die Offenlegung von Kriterien und Vorgehensweisen bei der Notengebung einfordern, ist es wichtig, den Erziehungsberechtigten gegenüber zu verdeutlichen, dass die Lehrkraft diesen Anforderungen nachkommt.

## 2.2 Lehrerfeedback geben

45 Minuten für das Ausfüllen, Vorbereitung ca. 30 Minuten

ab Klasse 5

Notenschnipsel (s. Anhang, S. 62)

### Beschreibung

Wird das in Kapitel 2.1 beschriebene Verfahren genutzt, um die zugrunde liegenden Kriterien der mündlichen Benotung offenzulegen, können die Noten selbst von Lehrerseite über „Notenschnipsel" an die Schüler weitergegeben werden. Neben der Transparenz über die vorgenommene Bewertung hat dieses Verfahren den Vorteil, als Dokumentation der Entwicklung in der mündlichen Leistung sowohl für die Perspektive der Lehrenden als auch der Lernenden zu dienen.

### Durchführung

Zu Beginn des Schuljahres bzw. Halbjahres wird eine tabellarische Übersicht über die Lerngruppe als Computertabelle (in Word oder Excel) angelegt, in welcher die Namen der Schüler in alphabetischer Reihenfolge in die Notentabelle eingetragen werden. Damit ist der Arbeitsaufwand zu Beginn des Schuljahres zwar erst einmal hoch, während des Schuljahres aber überschaubar, da nun nur noch in regelmäßigen Abständen (empfehlenswert sind vier bis sechs Wochen) die ermittelten Kompetenzstände durch Symbole in den Tabellen wiedergegeben und optional mit einem kurzen Kommentar versehen werden müssen.

### Beispiel

→ Anhang, S. 62 (Vorlage): Notenschnipsel mit Kommentarspalte zur mündlichen Benotung

### Weitere Hinweise

- Die Kommentarspalte kann getilgt werden, sodass Hinweise zur Erhebung der Kompetenzstände und zu künftigen Verbesserungsmöglichkeiten für ein Gespräch über die Notengebung verbleiben.
- Eine solche Liste, die nur die gewählten Symbole für die Ausprägung von Leistungen in den Kompetenzfeldern vermerkt, lässt sich auch handschriftlich führen. Dazu müsste die Vorlage im Anhang für die entsprechende Anzahl von Schülern erweitert und mit deren Namen versehen werden. Dann muss diese Liste für einen gewählten Zeitraum nur noch mit den Symbolen „+, +/o, o, o/–, –" sowie der resultierenden Note ergänzt werden.
- Der „Notenschnipsel" lässt sich auch als Selbstbewertungsinstrument für die Perspektive der Schüler verwenden. So wäre die Einführung des Verfahrens, wie es unter 2.1 beschrieben ist, für alle am Unterricht Beteiligten als Bewertungsroutine nutzbar.

## 2.3 Schülerfeedback organisieren

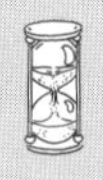

5 Minuten, Vorbereitung ca. 30 Minuten für das Erstellen des Kompetenzrasters

Klasse 7–12

Kompetenzraster zur Selbsteinschätzung (s. Anhang, S. 63)

### Beschreibung

In der Fachdidaktik wird oft darauf verwiesen, dass sich Kompetenzraster für die Selbsteinschätzung der Leistungen von Schülern besonders anbieten. Da sich auch die Selbstwahrnehmung der Schüler an den Kompetenzanforderungen des Faches orientieren muss, bilden diese die Grundlage bei der Erstellung von Kompetenzrastern für das Fach Geschichte. Gleichzeitig sollten fachübergreifende Kompetenzerwartungen integriert werden, denn ohne einen angemessenen Einsatz von Kommunikation und Interaktion werden Kompetenzen im Fach kaum sichtbar. Auf die Kompetenzperformanz zu verweisen, erscheint beim Erstellen von Kompetenzrastern also unerlässlich.
Besondere Hilfestellung liefern Kompetenzraster dann, wenn sie nicht nur die Kompetenzbereiche aufführen, sondern auch Niveaus innerhalb jener Bereiche so formuliert sind, dass Jugendliche sie verstehen und ihre Leistung diesen konkret zuordnen können. Die Kriterien bei der Bewertung oder die Niveaustufen können wahlweise erweitert oder verringert werden.

### Durchführung

Die Jugendlichen erhalten die Kompetenzraster, um ihre Selbsteinschätzung durch Ankreuzen kenntlich zu machen. Wahlweise können sie sich auch selbst eine Noten- bzw. Punktbewertung geben, um durch diesen Schritt deutlich zu machen, wie sie ihre Leistungen gewichten würden. Der Lehrer kreuzt entweder ebenfalls an oder tritt in den Austausch über Gemeinsamkeiten bzw. Unterschiede zwischen Schüler- und Lehrerwahrnehmung, wenn der Schüler sein Raster vorlegt.

### Beispiel

→ Anhang, S. 63 (Vorlage): Kompetenzraster zur Selbsteinschätzung mit fünf Niveaustufen

### Weitere Hinweise

- Das Kompetenzraster kann ebenfalls dazu verwendet werden, Schülern Rückmeldungen über die erreichten Kompetenzstände zu geben.
- Durch die Nutzung eines gemeinsamen Bewertungsinstruments wäre eine höchstmögliche Akzeptanz beim Benoten gegeben, indem Fremd- und Selbsteinschätzungen nebeneinandergelegt und verglichen werden können. So ließen sich Abweichungen klar identifizieren und Konsequenzen (für Diagnostik und Förderung gleichermaßen) ableiten.

## 2.4 Selbst- und Fremdevaluationen vornehmen

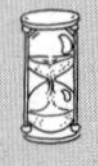

10 Minuten, Vorbereitung ca. 20 Minuten zum Erstellen der Matrix

Klasse 8–12

Selbst- und Fremdevaluationen vornehmen (s. Anhang, S. 64)

**Beschreibung**

Insbesondere bei selbstorganisierten Lernprozessen (vgl. Tipp 3.12, 4.8, 5.7) empfiehlt es sich, Lernerfolge auch von den Schülern beurteilen zu lassen: Da die Lehrkraft kaum in allen Arbeitsphasen und für alle Schüler Beobachtungsergebnisse sammeln kann, zudem häusliche Vorbereitungen in solche Arbeitsprozesse einfließen, sollten Schüler lernen, ihre Leistungen in Erarbeitungen und Präsentationen kriterienorientiert zu bewerten.

Je nach Aufgabenstellung beteiligen sich die Schüler anhand derjenigen Kriterien, die dem Arbeitsprozess zugrunde liegen, durch vorbereitete Selbst- und Fremdevaluationen an der Bewertung ihrer Leistungen. Mit Hilfen wie in der Vorlage auf S. 64 können die Schüler anonym die eigene Leistung sowie den Beitrag von Teammitgliedern einschätzen.

**Durchführung**

Da es sich bei den Bewertungskriterien auch um die den Arbeitsprozess leitenden Kriterien handelt, sind diese den Schülern von Beginn an transparent zu machen. Zugleich muss die Lehrkraft verdeutlichen, mit welchem Prozentsatz die Selbst- und Fremdbewertungen aus der Perspektive der Schüler in die Gesamtnote einfließen. Je nach Anforderungs- und Selbstständigkeitsgrad bieten sich hier die Berücksichtigung im Umfang von einem Drittel bis zur Hälfte der Gesamtbewertung an, aber auch andere Anteile sind denkbar.

Dem Umstand, dass Schüler sich eventuell unbegründet gute Noten geben, wird dadurch begegnet, dass neben denjenigen, die für ein Lernprodukt verantwortlich sind, auch die Adressaten in der Klasse bzw. im Kurs die Bewertung vornehmen, was überdurchschnittlich wohlwollende Noten in der Regel statistisch relativiert. Aber Selbst- und Fremdbewertungsprozesse bedürfen einer gewissen Einübung: Dass eine kriterienorientierte und realistische Selbst- sowie Fremdbewertung der Lernförderung und Qualitätsverbesserung von Unterricht dienen kann, ist für die Schülerperspektive ja nicht selbstverständlich.

**Beispiel**

→ Anhang, S. 64 (Vorlage): Selbst- und Fremdevaluationen vornehmen

**Weitere Hinweise**

- Schüler sind erfahrungsgemäß durchaus zu einer angemessenen Selbst- und Fremdevaluation in der Lage, wenn sie (und das nicht nur vereinzelt) dazu auch Gelegenheiten erhalten. Dies beinhaltet zudem eine Metareflexion über den Bewertungsprozess (wo weichen Schüler- und Lehrereinschätzungen voneinander ab, worin ist das begründet, was lässt sich für die Zukunft daraus lernen?).
- Eine gewisse Konstanz bei der Beteiligung von Schülern an der Notengebung ist in der Praxis daher sehr empfehlenswert (vgl. Tipp 2.3).

## 2.5 Unterrichtsqualität evaluieren

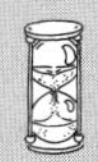

45 Minuten zum Ausfüllen und Auswerten der Evaluation, Vorbereitung ca. 20 Minuten zum Erstellen der Evaluationstabelle

Klasse 7–12

Unterrichtsevaluation bezogen auf Chancen der mündlichen Mitarbeit (s. Anhang, S. 65)

**Beschreibung**

Um Lehr- und Lernprozesses für mündliche Beteiligung und deren Evaluation zu optimieren (vgl. Kapitel 3), empfiehlt sich eine regelmäßige Bestandsaufnahme zu den Möglichkeiten mündlicher Mitarbeit, die der Unterricht bereitstellt. Auf der Grundlage einer solchen mit den Schülern durchgeführten Evaluation können dann gezielt Maßnahmen zur Verbesserung sowohl in quantitativer als auch qualitativer Hinsicht vorgenommen werden.

**Durchführung**

Mithilfe des in der Vorlage vorgestellten Rasters, welches sowohl in der Auswahl der Evaluationsebenen als auch der Evaluationskriterien angepasst werden kann, artikulieren die Schüler zuerst in Einzelarbeit durch Ankreuzen Vor- und Nachteile des erlebten Unterrichts.
In einer auf DIN A3 vergrößerten Evaluationstabelle (optional auf Folie) sammeln die Schüler die Ergebnisse und erhalten so eine Synopse über die Wahrnehmungen der Lerngruppe. Es empfiehlt sich, diese Phasen der eigenständigen Reflexion sowie der Sammlung der Wahrnehmungen ohne Anwesenheit der Lehrkraft durchführen zu lassen, um möglichst aussagekräftige Rückmeldungen zu erhalten.
Die Synopse der Rückmeldungen ist dann der Ausgangspunkt für eine Auswertung im Austausch mit der Lehrkraft: Liegt der Mittelwert im negativen Bereich, ist es notwendig zu fragen, ob sich hier durch eine alternative Gestaltung des Unterrichts Verbesserungsmöglichkeiten ergeben – und dies sowohl für die Perspektive der Lehrkraft als auch der Lernenden. Das kann in verbindliche Verabredungen münden (beispielsweise in Form eines Klassenvertrages oder als Zielvereinbarungen).
Diese Entwicklungsvorhaben werden dann ihrerseits Teil der regelmäßigen Evaluation. Ein bewährtes Mittel ist es, aus jenen vereinbarten Zielen Punkte in der Evaluationstabelle zu machen und sie von Schülerseite aus überprüfen zu lassen.

**Beispiel**

→ Anhang, S. 65 (Vorlage): Unterrichtsevaluation bezogen auf Chancen der mündlichen Mitarbeit

**Weitere Hinweise**

- In der Praxis hat sich eine mindestens jährlich erfolgende Evaluation als sinnvoll erwiesen. Am Ende des Schuljahres wird dabei die oben beschriebene Evaluation durchgeführt, Zielvereinbarungen werden getroffen, die im darauffolgenden Schuljahr ihrerseits evaluiert werden.
- Da zwischen den Erhebungen und der darauf fußenden Umgestaltung des Unterrichts jeweils (in der Regel) Sommerferien liegen, bietet es sich an, bei der Vorstellung der nächsten Jahres- bzw. Halbjahresplanung auf die Vereinbarungen vom letzten Schuljahr zu verweisen. Solche Verweise lassen sich in die Vorlagen auf S. 61 und 65 integrieren (vgl. Tipp 2.1).

## 2.6 Förderaufgaben durch Lehrende

15–45 Minuten (je nach Komplexität der Aufgabenstellung)

ab Klasse 5

optional Redemittelkarten

**Beschreibung**

Gezielte Aufgabenstellungen für komplexere und zusammenhängende mündliche Beiträge tragen dazu bei, Schüler in ihrer Fähigkeit zur mündlichen Beteiligung auch in nicht konkret vorbereiteten Beiträgen zu stärken. Insbesondere am Ende von Unterrichtseinheiten können vorbereitete Narrationen zum geleisteten Lernprozess helfen, Kompetenzen im mündlichen Bereich zu entwickeln.

**Durchführung**

Die erste Notwendigkeit für die Vorbereitung zusammenhängender Narrationen ist die Orientierung an einer Leitfrage. Solche Themenfragen (idealerweise die Leitfragen der durchgeführten Unterrichtseinheiten) signalisieren für die Schülerperspektive, auf welchen Schwerpunkt die Narration ausgerichtet sein soll.
In Einzel-, Partner- oder Teamarbeit bereiten die Schüler nun eine Geschichtserzählung vor, die mindestens drei Qualitätskriterien genügen muss:

- möglichst viele verfügbare historische Argumente zu integrieren (empirische Triftigkeit),
- in sich widerspruchsfrei und am Schwerpunkt ausgerichtet zu sein (narrative Triftigkeit) und
- rational nachvollziehbare Urteile zum Frageschwerpunkt abzuleiten (normative Triftigkeit, ggf. unterschieden nach Sach- und Werturteilen, wenn diese eingeführt wurden).

Hilfestellung bei der Erstellung der Narrationen können dabei Redemittelkarten bieten, welche diejenigen Aspekte von Geschichtserzählungen, die bisher in der Lerngruppe Schwierigkeiten bereitet haben, mit Beispielformulierungen unterstützen.
Die Unterstützung durch Redemittelkarten sollte sich am diagnostizierten Bedarf in der Lerngruppe orientieren (ist das Perspektivverständnis, die Ebenenunterscheidung, der Kategorienbezug zu unterstützen?). Grundsätzlich sind solche Hilfestellung nach und nach abzubauen, sodass die Schüler immer unabhängiger und sprachlich souveräner werden.

**Beispiele**

- Der Investiturstreit – ein „Sieg“ für das Papsttum?
- Der Versailler Vertrag – ein „Schandfriede“?
- Die deutsche Wiedervereinigung – Resultat einer „Wende“ oder einer „Friedlichen Revolution“?

**Weitere Hinweise**

- Das Verfassen und Präsentieren von Narrationen wird zu Beginn längere schriftliche Vorbereitung brauchen und sich zuerst auch stark an der Konzeptarbeit orientieren. Gerade für zurückhaltende Schüler ist die Vorbereitung (ggf. auch als vorbereitende Hausaufgabe) aber eine wichtige Stütze, um sich im historischen Erzählen zu üben.
- Die Vorbereitung im Team kann entlasten und Hilfestellungen bieten, z. B. auch durch eine arbeitsteilige Vorstellung der Narration durch mehrere Teammitglieder.

## 2.7 Förderaufgaben durch Lernende

15–90 Minuten (je nach Komplexität der gewählten Formate)

Klasse 7–12

keines

**Beschreibung**

Angelehnt an die lehrergesteuerten Fördermaßnahmen für die Narrativität (Tipp 2.6) können auch Schüler solche Beiträge entwickeln, präsentieren und diskutieren. Dabei können sie sich an die Lehrerbeispiele anlehnen, aber auch Formate aus dem eigenen medialen Erfahrungsbereich nutzen. Sobald Qualitätskriterien für gelungene Narrationen transparent sind, können Schüler diese auf individuell oder partnerteilig erstellte Geschichtserzählungen anwenden.

**Durchführung**

Auch für die Entwicklung von Narrationen aus Schülerperspektive sind a) eine Leitfrage und b) die Kenntnis von Qualitätskriterien für historische Erzählungen notwendig (entweder mündlich eingeführt oder durch ein Medium transparent gemacht). Leitfragen kennzeichnen auch hier den Schwerpunkt der Narration. Die grundlegenden Anforderungen an empirische Triftigkeit (Rückgriff auf historische Belege), narrative Triftigkeit (folgerichtige und widerspruchsfreie Argumentation) sowie normative Triftigkeit (rational begründete Urteilsbildung zur Themenfrage) müssen für die Schüler als Anforderungen bekannt sein (vgl. Tipp 2.6).
Von dieser Basis aus können Schüler in selbst gewählten oder durch die Lehrkraft (leistungsheterogen bzw. anders binnendifferenziert) zusammengestellten Teams, aber auch allein oder zu zweit, eigene mündliche Beiträge vorbereiten: Formate wären ein Podcast (für das Internet oder das Radio), ein Blog, ein simuliertes Interview oder eine Anhörung von historischen Persönlichkeiten usw. Es muss hier bezüglich der unterrichtsorganisatorischen Aspekte überlegt werden, ob das Zeitbudget für die Erstellung solcher narrativen Formate von Lehrerseite zu begrenzen ist. Grundsätzlich aber ist der Mehrwert für die narrative Kompetenz kaum hoch genug zu bewerten, wenn Schüler selbstständig Erzählformate vorbereiten, in denen sie sich kategorienbezogene Fragen, perspektivgebundene Antworten und themenbezogene Austauschprozesse vorstellen, präsentieren und von der Lerngruppe evaluieren lassen.
Der zeitliche Aufwand erscheint gerechtfertigt, weil sich in solche Lernprozesse Reflexionen über das eigene Lernen integrieren lassen: Wo hat unser Lernen geholfen, historische Situationen, Positionen und Werte zu verstehen? Wo sind Leerstellen oder Unsicherheiten verblieben? Wo liegen eventuell Grenzen des Verstehens von historischer Alterität?

**Beispiele**

- Die attische Polis im 5. Jh. v. Chr. – eine „Volksherrschaft"?
- Die Ständeordnung im Mittelalter – eine gerechte Ordnung?

**Weitere Hinweise**

- Zu Beginn dürften umfangreichere schriftliche Vorbereitungen nötig werden, womit der mündliche Mehrwert im engeren Sinne zuerst überschaubar bleibt.
- Es ist zu Beginn empfehlenswert, den Schülern eine Auswahl an Erzählformaten vorzuschlagen (vgl. dazu die Tipps in Kapitel 3 und 4).

# 3 Schüler zur Mitarbeit motivieren

## 3.1 Brainstorming

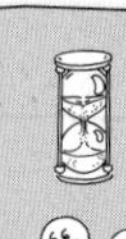

10–30 Minuten

ab Klasse 5

optional mediale Fixierung über Tafel, OHP, Whiteboard etc.

**Beschreibung**

Gedankensammlungen zu zentralen Begriffen oder Fragestellungen eines historischen Sachverhaltes geben Schülern Gelegenheit, ihre damit verbundenen Assoziationen, Vorwissensbestände oder Erkenntnisinteressen auszudrücken. Werden diese Gedanken medial fixiert, können sie als leitende Kriterien (bis hin zu einer konkreten Hypothesenbildung) für die gesamte Unterrichtseinheit dienen oder an bestimmten Stellen innerhalb einer Unterrichtsreihe eine gezielte Reflexion des Lernfortschrittes in Gang bringen. Da das Brainstorming keine spezifischen Anforderungen an Kenntnisse oder Fähigkeiten stellt, bietet es breite Beteiligungsmöglichkeiten.

**Durchführung**

Die Schüler äußern zu einem leitenden Begriff bzw. einer Fragestellung ihre Voreinstellungen, indem sie diese entweder rein mündlich formulieren (und der Lerngruppe zur Diskussion stellen) oder aber diese an der Tafel (auf einer Folie oder an einem Whiteboard) fixieren.

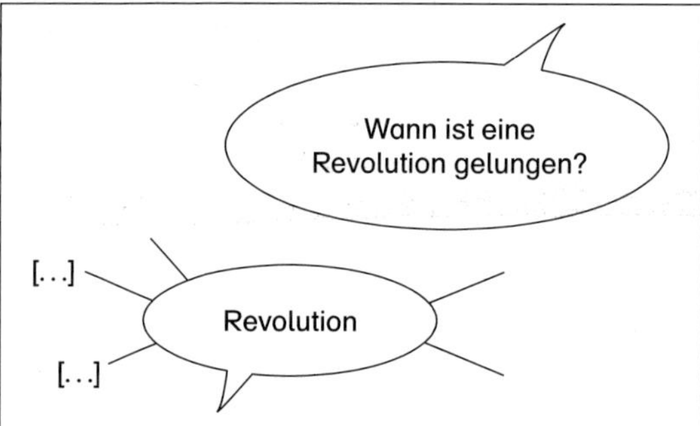


Dabei ist es wichtig, dass Schüler ihre Assoziationen, Kenntnisse und/oder Fragen zum Sachverhalt spontan äußern (innerhalb von ca. 10 Sekunden), da längere Bedenkzeiten oft dazu führen, dass Schüler weniger ihre Assoziationen als vermeintlich erwünschte Aussagen formulieren. Die Tafel hat bei der Sammlung solcher Voreinstellungen den Vorteil, dass mehrere Schüler zugleich ihre Ideen um den Begriff/Sachverhalt in der Mitte notieren können; bei elektronischen Medien bzw. der Folie ist es leichter, das Brainstorming zu sichern und es für spätere Lernprozesse verfügbar zu halten.

An die Sammlung schließen sich drei Fragen an, um den Diskurs in der Lerngruppe zu öffnen:

1.) Haben bestimmte Assoziationen mit dem Begriff bzw. Sachverhalt in der Mitte nichts zu tun? (Diese wären zu streichen.)

2.) Sind fixierte Äußerungen erläuterungsbedürftig (weil sie anderen nicht bekannt sind oder der Zusammenhang zum Kernbegriff nicht offenkundig wird etc.)?

3.) Gibt es Gedanken, die zueinander (quasi „in eine Schublade") gehören – und weswegen haben diese etwas miteinander zu tun (wie hieße also das „Etikett an der Schublade")?

Mit dem dritten Schritt formulieren die Schüler konkrete Ableitungen aus der Gedankensammlung: Was assoziieren wir in erster Linie mit dem Sachverhalt – und ist das eine repräsentative Sichtweise? Was müssten wir nun untersuchen, um herauszubekommen, ob unsere Assoziationen triftig sind? Durch die vielfältigen Möglichkeiten, sich beteiligen zu können (Assoziationen nennen und begründen, gezielte Nachfragen stellen, Untersuchungshypothesen ableiten), bieten sich auch für zurückhaltendere Schüler niederschwellige Beteiligungschancen.

**Weitere Hinweise**

- Das Hinterfragen von gesammelten Begriffen sollte in dem Falle, dass die Lerngruppe noch wenig Binnenkommunikation ausgeprägt hat, von der Lehrkraft angeleitet werden.
- Wenn das Brainstorming methodisch eingeführt ist, wird sowohl die Beteiligung selbst als auch die Kommunikationsbereitschaft zu den gesammelten Assoziationen in der Lerngruppe selbstorganisiert zunehmen. Dann können Brainstormings durchaus längere Zeit für sich beanspruchen, dabei jedoch mündliche Mitarbeit umfassend fördern.

## 3.2 Meinungsbarometer/-linie

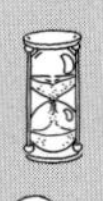

10–30 Minuten

ab Klasse 5

Medium zum Fixieren der Barometerkriterien (Plakate, Tafel etc.)

**Beschreibung**

Ein Meinungsbarometer verdeutlicht die Haltung der Schüler zu einer These bzw. einer Fragestellung durch das räumliche Bewegen hin zu einer Antwortmöglichkeit. Indem Schüler also visuell kenntlich machen, wie sie zu einer Aussage oder Frage „stehen“, werden sie in ihrer Position erkenn- und hinterfragbar: Warum stehst du dort? Wieso hältst du deine Gründe für gewichtiger als Entgegnungen anderer? Können dich meine Argumente dazu bewegen, deine Position zu ändern?

**Durchführung**

Die Schüler werden darüber informiert, dass sie sich zu einer Frage bzw. einer These so positionieren sollen, dass sie sich einer der dargebotenen Antwortmöglichkeiten physisch zuordnen. Dabei ist es wichtig, dass je nach Größe der Lerngruppe auch ausreichend Platz für die Positionierung vorhanden ist: In kleineren Kursen ist dies vor einer Tafel/einem Whiteboard denkbar, für größere Lerngruppen können die Ecken des Raumes oder dessen vorderer, mittlerer bzw. hinterer Bereich genutzt werden.
Haben sich die Schüler den zur Verfügung stehenden Antwortmöglichkeiten zugeordnet, müssen sie ihre Positionierung auf Nachfrage begründen (und ggf. auch eine neue Positionierung vornehmen): Warum stehst du an dieser Stelle? Hast du folgende Argumente bei deiner Positionierung berücksichtigt? Würdest du deine Position nun ändern?
Der eigentliche Mehrwert dieser Methode für die mündliche Beteiligung besteht in eben dieser Phase der kriterienorientierten Begründung oder Überprüfung der eigenen Position. Ähnlich wie beim Brainstorming ist es hilfreich, die Positionierung der Schüler nach Abschluss der Diskussion zu sichern (z. B. durch ein Foto), um nach Beendigung des Lernprozesses Veränderungen bzw. Kontinuitäten zu reflektieren. Dies ist dann eine sehr dienliche Methode für die Metakognition (haben wir von Aspekten erfahren, die unsere ursprüngliche Position stützen bzw. fragwürdig erscheinen lassen?). Vor allem aber lassen sich durch Meinungsbarometer Vorausurteile bzw. auch Zwischenstände während einer Unterrichtseinheit anschaulich dokumentieren.

**Beispiel**

- Moral in der menschlichen Geschichte entwickelt sich … (zum Höheren/in keine erkennbare Richtung/zum Niederen).

**Weitere Hinweise**

- Lerngruppen, die diese Methode das erste Mal erleben, benötigen meist Hilfestellung beim Hinterfragen von Positionen durch die Lehrkraft. Das ist auch sachlich legitim, da die Positionierung selbst – ähnlich wie eine Stimmabgabe, die in Klassenzimmern auch gern durchgeführt wird – noch keinen Aufschluss darüber gibt, warum sich Schüler einer Aussage zuordnen.
- Ähnlich wie beim Brainstorming ist das häufigere Nutzen der Methode ein sicheres Mittel dafür, dass die Kommunikation durch die Lerngruppe selbst gesteuert wird. Dies kann durchaus dazu führen, dass Positionierung und Austauschprozesse längere Unterrichtsphasen füllen (dann bietet es sich an, auch Kernargumente für bestimmte Positionen zu sichern).

## 3.3 Pyramidenspiel

10–25 Minuten (je nach Menge der Begriffe)

Klasse 5–10

Medium zum Fixieren der Pyramidenbegriffe (Tafel, Whiteboard etc.)

**Beschreibung**

Durch das Umschreiben von ausgewählten historischen Begriffen vertiefen die Schüler ihr Wissen und trainieren zugleich, begründete Assoziationsketten zu nutzen, um anderen diese Begriffe zu erläutern. Damit verankern sie für sich selbst wichtige Aspekte und üben zugleich über die Erklärung der Begriffe eine Kontextualisierung dieser Begriffe ein. So trainiert die dargestellte Methode Wissensfestigung und Kenntnisvernetzung.

**Durchführung**

An der Tafel/dem Whiteboard/auf Folie werden Begriffe in Form einer Pyramide gesammelt, die von einem Paar oder einem Team umschrieben werden müssen. Dabei sitzt ein Schüler mit dem Rücken zur Tafel, der andere umschreibt die Begriffe an der Tafel so, dass der vor ihm Sitzende diese benennen kann. Für jeden Begriff, der zutreffend benannt wird, gibt es für das Team einen Punkt.
Die Begriffe können aus der aktuellen Unterrichtseinheit genommen werden und einen thematischen Zusammenhang bilden, allerdings lassen sich hier auch andere Auswahlkriterien denken. Nicht zuletzt ist es hilfreich, die Schüler selbst (ggf. mithilfe des Registers oder Lexikons im Lehrbuch) Begriffe formulieren zu lassen. Während der Sammlung der Begriffe muss das Rateteam den Raum verlassen. Wahlweise können die Begriffe auch auf einem Blatt notiert und auf einem Whiteboard bzw. hinter der zugedeckten Tafel fixiert werden.
Im Modus des Pyramidenspiels ist auch ein Teamwettbewerb möglich (z. B. unter Teams zu je fünf Schülern). Dann wechseln sich die Teammitglieder in den Funktionen ab (Begriffe finden und fixieren, umschreiben, erkennen) oder besetzen Positionen mehrfach. Für die Lehrkraft ist ein von den Schülern geleitetes Spiel besonders aufschlussreich hinsichtlich des erworbenen

Wissensstandes (welche Begriffe spielen für Schüler überhaupt eine Rolle, wie vertieft haben sie diese verstanden – und welche Begriffe spielen keine Rolle bzw. können kaum umschrieben werden?). Ebenso kann die Lehrkraft durch einen eigenen Kanon von Begriffen lenkend eingreifen.

**Beispiel**

Investiturstreit

Papst — Kaiser

Reichskirche — Eigenkirche — Bischof

Mitra — Kirche — Nonne — Kloster

**Weitere Hinweise**

- Da Schüler nicht selten Begriffe verwenden, obwohl sie deren Bedeutung gar nicht genau kennen, ist das Pyramidenspiel ein guter Indikator für das Begriffsverständnis in einer Lerngruppe.
- Auch in spontanen Vertretungsstunden bei unbekannten Lerngruppen und ohne Vorbereitungsvorlauf lässt sich durch das Pyramidenspiel ein fachspezifisch gewinnbringender und mündliche Beteiligung fördernder Lernprozess anstoßen.

## 3.4 Kugellager

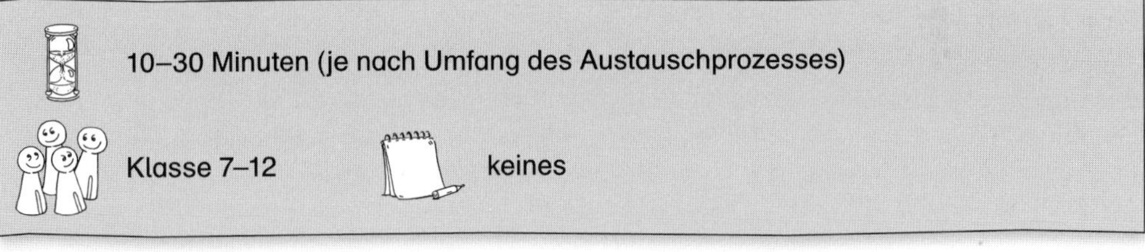


**Beschreibung**

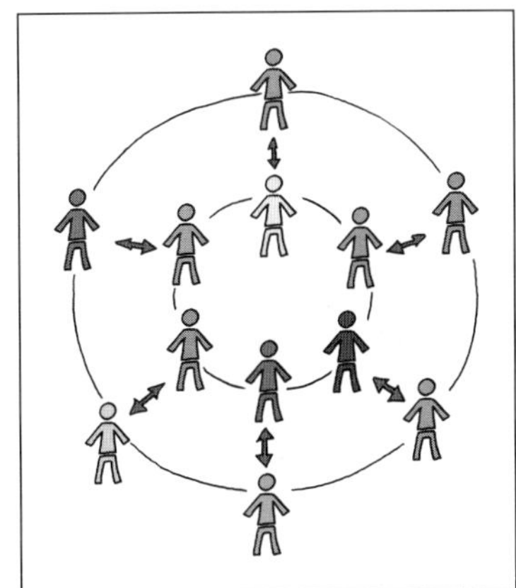

Im Kugellager können Schüler mit wechselnden Partnern Arbeitsergebnisse austauschen. Durch die Rotation im bzw. gegen den Uhrzeigersinn ergeben sich unterschiedliche, aber planbare Austauschsituationen. Dadurch können die Schüler Wissen kommunizieren und festigen, Nachfragen an unterschiedliche Partner stellen und mehrfach Feedback sowie Überarbeitungs- bzw. Revisionsanregungen erhalten.

**Durchführung**

Alle Schüler bilden einen Innen- und einen Außenkreis, wobei die Austauschpartner innen und außen sich einander zuwenden. Dabei ist im Vorhinein festzulegen, ob der Schüler im Außenkreis mit dem Sprechen (dem Vorstellen

seiner Ergebnisse etc.) beginnt und derjenige im Innenkreis zuhört (mitschreibt) oder umgekehrt. In jedem Falle muss der Austauschprozess definiert werden bis hin zu der Festlegung, ob der erste Durchlauf im Kugellager nur aus Sprechen des einen und Zuhören (Mitschreiben) des anderen besteht oder beide ihre Ergebnisse vorstellen.
Dann wird das Kugellager gedreht, indem die Schüler im Außenkreis eine Position im Uhrzeigersinn weiterrücken. Der Austauschprozess beginnt von Neuem, die Partner aber haben gewechselt. Der nächste Wechsel findet im Innenkreis statt, der sich entgegen dem Uhrzeigersinn eine Position weiterbewegt.
Die Methode ermöglicht ein breites Spektrum an kommunikativem Austausch, etwa für die Ergebnisvermittlung nach arbeitsteiligen Erarbeitungen, den Ergebnisvergleich bei arbeitsgleichen Prozessen, den Austausch über Hypothesen oder Sach- bzw. Werturteile zu historischen Fragestellungen usw.

**Weitere Hinweise**

- Die Methode kann auch in mehreren Kugellagern zugleich durchgeführt werden, um die Anzahl der Schüler im Innen- und Außenkreis zu begrenzen.
- Da die üblichen Sitzordnungen häufig einen Umbau zu Sitzkreisen erschweren, können alternativ die Banknachbarn den Außen- und Innenkreis simulieren. Dann würde der jeweils linke Partner im Uhrzeigersinn zum linken Platz der nächsten Bank rücken, der rechte danach entgegen dem Uhrzeigersinn zum rechten der nächsten Bank usw.
- Beim ersten Durchlauf wird es in der Regel zu einem erhöhten Lärmpegel kommen, da viele Schüler zugleich mit ihrem Partner sprechen. Auch hier ist es aber eine Frage des Trainings, bis sich die Lautstärke auf das Niveau von Murmelgruppen reduziert.

## 3.5 Geschichtswurzel

15–45 Minuten (je nach Umfang des Austauschprozesses)

Klasse 8–12

Medium zum Fixieren der Geschichtswurzel (Plakat, Folie, Hefter o. Ä.)

**Beschreibung**

Mithilfe der visuellen Darstellung von Ober- und Unterbegriffen erläutern die Schüler ihr Wissen zu zentralen Termini, die für das Verständnis eines historischen Sachverhalts notwendig oder hilfreich sind. Dabei dient die Begriffsordnung in Form eines umgekehrten Baumdiagramms als Ausgangspunkt für erläuterndes und ggf. auch nachfragendes Sprechen. So dokumentieren Schüler die Vernetztheit ihres Wissens; zugleich können sie gezielt Fragen stellen oder solche beantworten.

**Durchführung**

Die Schüler beginnen mit einer individuellen Sammlung von Begriffen zu einem hinreichend komplexen, aber nicht zu breiten historischen Sachverhalt. Es bietet sich an, hier den gerade behandelten Sachgegenstand der Unterrichtseinheit zu nehmen, allerdings sind auch Rückgriffe auf frühere Unterrichtseinheiten möglich, sollte gerade die Reaktivierung des Kontextwissens von besonderer Bedeutung sein.

Zum übergreifenden Sachgegenstand sammelt jeder Schüler sein Wissen über Unterbegriffe, ordnet diese begründet unter dem Oberbegriff an und bereitet sich darauf vor, seine Begriffssammlung sowie deren Ordnungsprinzipien anderen Schülern zu erläutern. Diese können dann gezielt Fragen zu Unklarheiten, fehlenden Begriffen oder alternativen Zuordnungsmöglichkeiten stellen und damit in einen strukturierten Austausch über Breite und Vernetzung der Kenntnisgrundlage treten.

### Beispiel

- Die Krise der späten römischen Republik

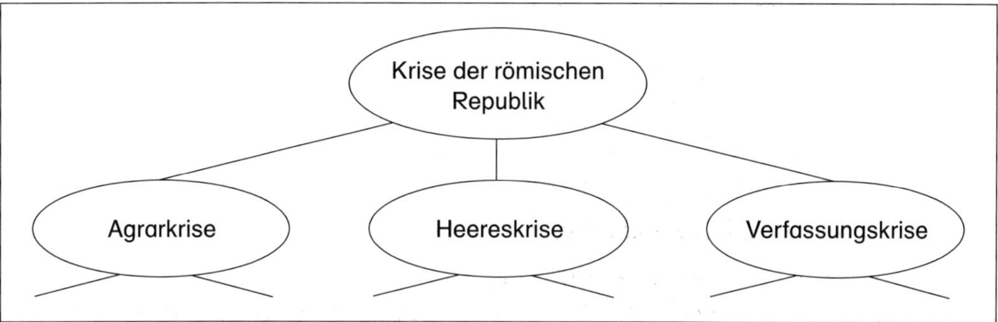


### Weitere Hinweise

- Empfehlenswert ist es, die Erarbeitung gerade beim ersten Anwenden der Methode in Kleingruppen zu organisieren, um eine überschaubare Menge an Geschichtswurzeln und zugleich einen kommunikativen Austausch bereits bei der Erstellung der Begriffsnetze zu gewährleisten. Später kann diese Sammlung deklarativer Wissenselemente individuell bzw. in Partnerarbeit erfolgen.
- Gegenüber der Mindmap hat die Geschichtswurzel den Vorzug, eine klarere Zuweisung von Über- und Unterordnung zu visualisieren. Optisch kann die Geschichtswurzel aber auch wie eine Mindmap ringförmig angeordnet werden.
- Die Zuordnung von Begriffen ist die naheliegendste Anwendungsmöglichkeit. Allerdings ist es genauso möglich, zu einer Fragestellung („War Caesar der Totengräber der römischen Republik?") eine Geschichtswurzel in Form von Unterfragen, dazu gehörenden bzw. untergeordneten Aspekten usw. zu entwerfen. Diese Geschichtswurzeln wären variabler und komplexer, aber ebenso sinnvolle Ausgangspunkte für mündliche Beiträge.

## 3.6 Codename

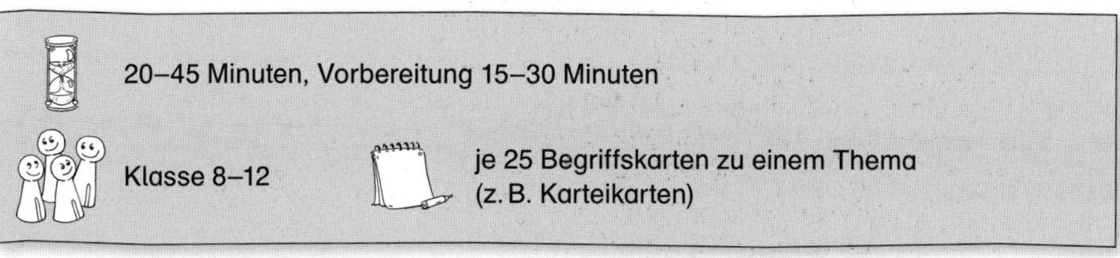


### Beschreibung

In zwei Teams spielen je zwei bis maximal zehn Schüler gegeneinander, indem sie als „Geschichtsagenten" und angeleitet von ihrem „Geheimdienstchef" gegen das andere Team gewinnen wollen. Dies schaffen sie, wenn sie einem „Codenamen“ mehr Begriffe richtig zuordnen als die anderen Agenten. Diesen „Codenamen“ entwickelt der „Geheimdienstchef“ und gibt damit seinen „Geschichtsagenten“ Anhaltspunkte für die Lösung der Mission, mehr aber nicht.

## Durchführung

Die 25 Codekarten werden im Quadrat fünf mal fünf offen ausgelegt. Der „Geheimdienstchef“ sitzt seinen „Geschichtsagenten“ gegenüber, die Grundsitzordnung ist im Beispielkasten visualisiert. Einer der Geheimdienstchefs beginnt, indem er einen übergeordneten Begriff verdeckt notiert sowie diejenigen Begriffe, die auf dem Tisch seiner Meinung nach mit jenem Oberbegriff in Verbindung stehen. Seinen „Geschichtsagenten“ teilt er nur den übergeordneten Begriff sowie die Anzahl der Begriffe mit, die diese zuzuordnen haben. Dabei können sich die Agenten untereinander beraten, dürfen aber bei der Nennung der Begriffe keinen Fehler machen, sonst ist das andere Team dran. Dieses beginnt sonst erst, wenn die Agenten fertig sind. Für jeden richtig genannten Begriff gibt es einen Punkt.
Im Beispiel wählt der „Geheimdienstchef Rot“ den Codenamen „Novemberrevolution“ und assoziiert damit „Karl Liebknecht“ und „Philipp Scheidemann“. Er sagt also laut „Novemberrevolution“ und die Zahl zwei, damit seine „Geschichtsagenten“ wissen, dass sie zwei der vor ihnen liegenden Begriffe mit der Novemberrevolution in Verbindung zu bringen haben. Da sie bei einem Fehler das andere Team ins Spiel bringen, müssen sie sich absprechen, um möglichst sicher falsche Nennungen auszuschließen. Die Geheimdienstchefs müssen sich einerseits bemühen, möglichst komplexe Oberbegriffe zu finden, um viele Punkte zu ermöglichen. Andererseits darf es für die Agenten auch nicht zu schwer sein, damit das Fehlerrisiko klein bleibt.

## Beispiel

Geheimdienstchef „Team Schwarz“

Geheimdienstchef „Team Rot“

| OHL | SPD | Reichstag | Philipp Scheidemann | Währungsreform |
|---|---|---|---|---|
| Weltwirtschaftskrise | Gustav Noske | Versailles | Heinrich Brüning | Zentrum |
| Karl Liebknecht | KPD | Kriegsschuld | Abdankung | Weimar |
| DDP | Adolf Hitler | Dolchstoßlegende | Reichswehr | Arbeitslosigkeit |
| Rheinland | Inflation | Reparationen | Berlin | Goldene Zwanziger |

Geschichtsagenten „Team Rot“

Geschichtsagenten „Team Schwarz“

## Weitere Hinweise

- Dieses Spiel ist angelehnt an das Deduktionsspiel „Codenames“, das 2016 „Spiel des Jahres“ wurde. Hier wird allerdings eine vereinfachte Version vorgeschlagen, um den Vorbereitungsaufwand in Grenzen zu halten. Sollten Schüler oder Lehrkräfte das Spiel haben, so ist mithilfe der im Spielumfang enthaltenen „Codekarten“ eine schwerere Spielversion möglich und empfehlenswert.

- Die Begriffskarten können mit den Schülern gemeinsam erstellt werden. Dadurch wird der Aufwand für die Lehrkraft verringert, zugleich wird das Kontextwissen der Schüler zu einer relevanten Spielgröße. Gerade wenn diese die Begriffe selbst sammeln, ist sichergestellt, dass sie auch relevante Oberbegriffe finden können.
- Da die Aufgabe an die „Geheimdienstchefs“ fachlich anspruchsvoller ist, ergibt sich eine spiellogisch begründete Binnendifferenzierung. Durch das Tauschen der Rollen (optional auch zu unterschiedlichen historischen Inhalten) können Schüler systematisch an diese Aufgabe herangeführt werden und damit souveräner im Umgang mit historischem Wissen werden. Kommunikativ herausfordernder ist stets die Rolle der Agenten.

## 3.7 Schlüsselbilder

10–30 Minuten (je nach Komplexität der eingesetzten Bilder)

ab Klasse 5

Reproduktion des Bildes (Buch, Folie, Plakat)

### Beschreibung

Bestimmte Bilder sind für historische Ereignisse, Strukturen oder gar Epochen sinnbildlich geworden. Indem Schüler solche Bilder methodengerecht analysieren und interpretieren sowie ihre traditionsbildende Wirkung erläutern, dokumentieren sie mündliche Narrationsfähigkeit. Zugleich können andere Schüler mit ihnen in einen begründeten Austausch treten, wenn sie Aspekte ergänzen, hinterfragen oder alternative Deutungsmöglichkeiten präsentieren.

### Durchführung

Schüler haben nun die Aufgabe, zuerst den Bildsinn zu analysieren und zu deuten. In der einfachsten Form geschieht dies durch den Dreischritt Beschreiben (Bildeinzelheiten, Anordnung, Licht ...), Deutung der Details und Interpretation der Bildaussage insgesamt. In einem zweiten Schritt müssen die Schüler dann begründen, weswegen dieses Bild für einen Sachverhalt oder eine bestimmte Epoche steht und welche Aspekte es nicht transportiert.
In erster Linie ist dies eine Methode, um erworbenes Wissen individuell zu dokumentieren, zu festigen und zur Diskussion zu stellen. Ebenso ist dies auch als Partner- oder Teamarbeit denkbar, auch arbeitsteilig zu unterschiedlichen Bilddokumenten einer Epoche (s. Beispiele für eine Fotostrecke).

### Beispiel

- Das Gemälde von Ludwig XIV. von Hyacinthe Rigaud (1701). Dieses Gemälde fehlt in keinem Geschichtsbuch, da sich hier in unglaublich verdichteter Weise der Anspruch des absolutistischen Herrschers niederschlägt.
- Ebenso verdichtete historische Bilddokumente sind der Titelkupfer des „Leviathan“ von Thomas Hobbes, die Torüberschriften „Arbeit macht frei“ von NS-Konzentrations- und Vernichtungslagern oder die brennenden Zwillingstürme des World Trade Centers vom 11. September 2001.
- Eine Fotostrecke zum „Wirtschaftswunder“ in der Bundesrepublik oder dem Wirken Maos in China lässt sich leicht zusammenstellen.

**Weitere Hinweise**

- Die Methode kann auch umgekehrt durchgeführt werden, indem Schüler aufgefordert sind, anhand von Bildern, die sie selbst recherchieren, eine historische Struktur oder Epoche „zu illustrieren". Dann wären sie gefordert, kriterienorientiert zu begründen, weswegen bestimmte Bilder für einen historischen Sachverhalt stehen. Auch könnten sie selbst ein solches Bild oder Symbol entwerfen.
- Die Arbeitsweise lässt sich auf Karikaturen gleichermaßen anwenden.
- In jedem Falle sollte die methodengerechte Analyse und Interpretation von Bilddokumenten (mit deren quellenkritischer Einordnung) stets integriert sein. Auch für die Analyse von bewegten Bildern ist dies eine wesentliche Fähigkeit.

## 3.8 Referatsecho

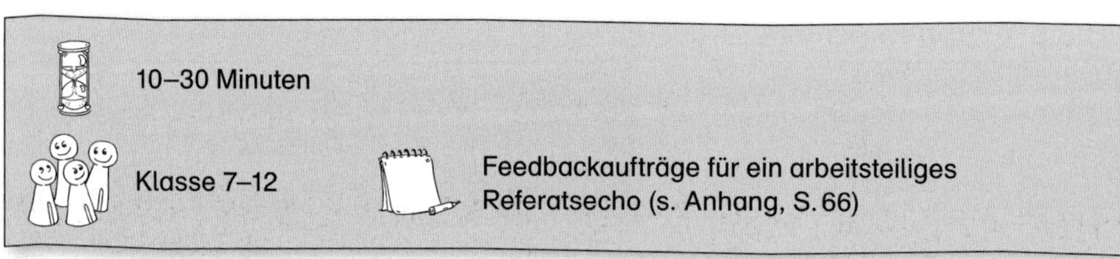


**Beschreibung**

Referate können ein gezieltes Feedback durch diejenigen Schüler, die nicht selbst referieren, erfahren. Dadurch eignen sich sowohl die Referenten als auch die Rezipienten über den vermittelten Inhalt und die dabei genutzten Methoden hinaus Kompetenzen an, um Planung, Durchführung und Reflexion von Vorträgen zu verbessern. Neben einer Klärung von offenen Fragen auf der konkreten Sachebene kann ein arbeitsteilig vorgenommenes Referatsecho übergreifend kompetenzfördernd wirken.

**Durchführung**

Ausgewählte Schüler der Lerngruppe erhalten vor einem Referat gezielte Feedbackaufträge zu den Ebenen Inhalt, Methode und individuelles Auftreten. Diese dienen nach dem Vortrag sowohl der inhaltlichen als auch der methodischen Reflexion des Gehörten, optional auch der individuellen Darbietung (gerade in der Sekundarstufe I ist es ratsam, das Auftreten und die nonverbale Präsentation durch Mimik und Gestik zu reflektieren). Unabhängig davon sind die für das Echo Verantwortlichen allerdings – wie alle anderen in der Lerngruppe auch – gefordert, sich gezielte Mitschriften zu dem Gehörten anzufertigen.
Die Rückmeldung des Referatsechos an die Referenten kann direkt erfolgen, ebenso denkbar – und gerade zu Beginn auch empfehlenswert – ist eine Entlastung in Expertengruppen: Wenn sich alle inhaltlich (bzw. methodisch und individuell) Bewertenden vor ihrer Rückmeldung erst einmal in Kleingruppen treffen (ggf. können diese noch in „Echoteam Inhalt 1" usw. unterteilt werden), wird ein Filtern des Echos möglich, sodass einzelne Rückmeldungen ggf. in der Echogruppe getilgt und dafür konsensfähige Rückmeldungen besonders betont werden. In der Zeit eines solchen Voraustausches können die Referenten eine Selbstevaluation vornehmen. Der Feedbackprozess erfolgt im Anschluss nach den drei Ebenen Inhalt, Methode und individuelles Auftreten. Dabei können Rückschlüsse für künftige Referate abgeleitet werden, zugleich dient das Echo dem Klären und Festigen des Gehörten.

**Beispiel**

→ Anhang, S. 66 (Vorlage): Feedbackaufträge für ein arbeitsteiliges Referatsecho

**Weitere Hinweise**

- Die Feedbackkriterien sind variabel. Grundsätzlich empfiehlt es sich aber, neben dem Echo zu inhaltlichen Aspekten auch die Methodenebene zu reflektieren. Dies unterstützt die Ausbildung von übergreifenden Fähigkeiten, gelungene Referate auch in anderen Fächern gestalten zu können.
- Die Unterscheidung von Echoebenen (vgl. Anhang) lässt einen binnendifferenzierten Einsatz des Referatsechos zu. Allerdings sollte im Laufe der Lernprozesse jeder Schüler einmal ein inhaltliches Echo verantwortet haben, um sich (ggf. mit Teamunterstützung) darin zu schulen.

## 3.9 Gruppenturnier

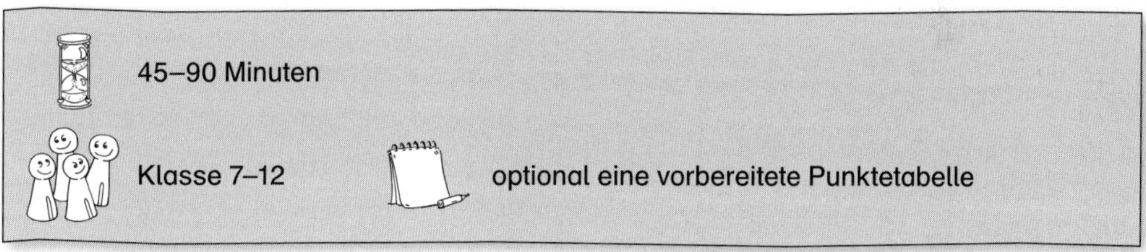


**Beschreibung**

In arbeitsgleichen (optional auch arbeitsteiligen) Gruppen bereiten die Schüler Aufgaben vor, die sie im Wettstreit mit anderen möglichst vollständig und umfassend lösen. Für richtige Lösungen sammeln sie Punkte, die dem Konto ihres Teams gutgeschrieben werden. So können Schüler in vorbereiteten Situationen (auch für spezifische und ihren Fähigkeiten entsprechende Anforderungen) mündliche Leistungen zeigen und dafür Würdigung erfahren.

**Durchführung**

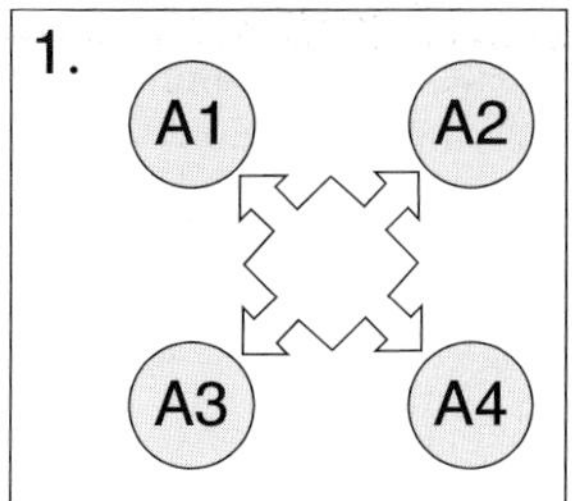


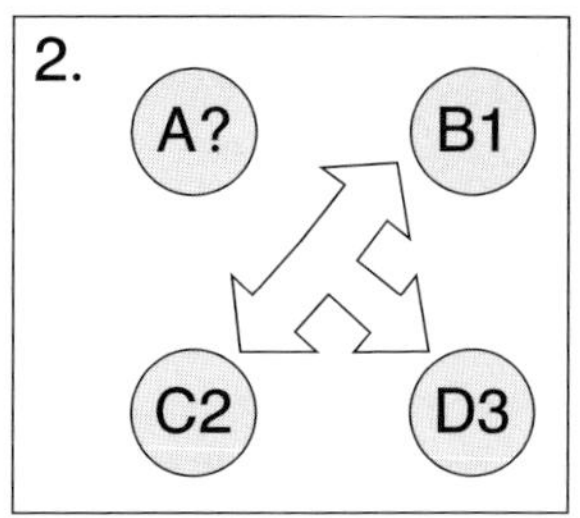


In Gruppen von vier bis sechs Schülern bereiten sich die Teams auf das Turnier vor, indem sie definierte Fragestellungen und deren Antworten (entweder vom Lehrer festgelegt oder in der Lerngruppe ausgewählt) im gemeinsamen Austausch vorbereiten. Dabei kann es um rein deklaratives Wissen gehen, aber auch komplexe Deutungs- und Beurteilungsfragen lassen sich als Grundlage vorstellen. Wichtig ist, dass es für die Antworten einen definierten Erwartungshorizont gibt (durch die Lehrkraft erstellt oder im Hefter der Schüler vorhanden).

Für die Turnierphase mischen sich die Schülergruppen, indem je ein Schüler von Team A einen, zwei, drei etc. Tische weiterrückt. Nur ein Schüler des Teams bleibt jeweils als Spielleiter am ursprünglichen Tisch zurück. Er stellt dann drei ausgewählte Fragen an die Schüler aus den anderen Teams, die für ihre Antworten – je nach Vollständigkeit und Güte – Punkte erhalten. Der Spielleiter selbst wird am Ende von einem der anderen Schüler ebenfalls zu drei noch nicht gewählten Aufgabenstellungen befragt.

Am Ende treffen sich die Teams wieder in ihren Stammgruppen und zählen ihre Punkte zusammen. Das Team mit der höchsten Punktzahl ist Turniersieger und wird vor der Lerngruppe entsprechend gewürdigt. Anschließend wird die Methode gemeinsam reflektiert: War die Punktevergabe zuverlässig möglich oder gab es dabei Probleme? Wo liegen Stärken, wo Schwierigkeiten?

**Weitere Hinweise**

- Durch unterschiedliche Aufgabentypen (Erläuterung von Textquellen, Interpretation von Bildern/historischen Liedern etc.) lässt sich die Methode binnendifferenziert einsetzen. Dann sind die Spielleiter jeweils auf einen Aufgabentyp spezialisiert. Das heißt, dass alle anderen an der Station auf die gleiche Anforderung zu reagieren haben, was für den Turnieraspekt bedeutet, dass an den Stationen jeweils ein anderes Team zuerst antworten muss, die anderen dann Punkte für notwendige Ergänzungen oder Korrekturen erhalten.

## 3.10 Fishbowl-Diskussion

**Beschreibung**

Nach arbeitsteiligen Gruppenprozessen gibt es eine Diskussion zwischen ausgewählten Gruppensprechern. Diese Diskussion findet wie in einem Aquarium vor den Augen der die Diskussion umringenden Lerngruppe statt. Diese kann dabei durch das Besetzen eines freien Stuhls durch einen Schüler in die Debatte eingreifen und damit den mündlichen Austausch in einer Diskussion selbstbestimmt erweitern.

**Durchführung**

Als Grundlage für Fishbowl-Diskussionen bieten sich kontroverse Positionen (in Quellen oder Darstellungen) zu einem Sachgegenstand an (s. Beispiele). Diese Positionen zum Sachverhalt werden zuerst erarbeitet und gesichert (auf Handouts/Plakaten), dann in einem geregelten Verfahren diskutiert.

In der Fishbowl-Diskussion geht je ein Gruppensprecher der Arbeitsgruppen in das Aquarium, um die Position seines Teams darzulegen und gegenüber anderen Rede und Antwort zu stehen. Ein Moderator übernimmt dabei die Regelung des Austausches (Hinführung zur Frage, Bitte um Eingangsstatements, Bezugnahmen durch Verweise auf ähnliche oder widersprechende Positionen, Bitte um Abschlussstatement – vgl. Talkshow, Tipp 4.5). Dies wird zu Beginn durch die Lehrkraft übernommen, sukzessive sollten aber Schüler auch selbst die Diskussionen leiten. Die nicht im Fishbowl diskutierenden Schüler haben zwei

| S | S | S | S | S | S | S |
|---|---|---|---|---|---|---|
| S | GS | | | GS | | S |
| S | | M | FS | | | S |
| S | GS | | | GS | | S |
| S | S | S | S | S | S | S |

S = Schüler GS = Gruppensprecher
M = Moderator FS = Freier Stuhl

Aufgaben: Zum einen protokollieren einige den Verlauf der Debatte (für den eigenen, für einen fremden oder auch für mehrere Gruppensprecher), zum anderen nehmen sie über den „freien Stuhl“ Einfluss durch gezielte Fragen oder Einwürfe. Dies bedeutet, dass, sobald der freie Stuhl von einem Schüler eingenommen wird, dieser zu Wort kommt, danach aber den Stuhl räumen muss, damit sich andere einbringen können.
Die Diskussion wird mithilfe der Protokolle inhaltlich reflektiert (auf Richtigkeit und Vollständigkeit) und die Methode in ihrem Beitrag zum Erkenntnisgewinn zusammengefasst.

**Beispiele**

- War die antike attische Demokratie eine Volksherrschaft?
- Ist die Revolution von 1848 gescheitert?

**Weitere Hinweise**

- Die Zuordnung von Gruppensprechern, Protokollanten und Beiträgern für den freien Stuhl können von den Gruppen selbst, allerdings auch vom Lehrer vorgenommen werden. Damit lässt sich unterstützen, dass nicht immer die gleichen Schüler als Sprecher im Fishbowl agieren.
- Eine Mischvariante kann durch Funktionskarten realisiert werden: Erhalten die Teams drei Karten mit „Diskussion“, „Protokoll“ und „freier Stuhl“, können auf diesen mit Datum und Thema der Diskussion die Namen derjenigen vermerkt werden, die die Funktion in einer bestimmten Diskussion eingenommen haben. Die Auflage wäre dann, bei folgenden Diskussionen die Funktionen zu tauschen, bis alle jede Funktion mindestens einmal eingenommen haben.

## 3.11 Gallery Walk

45–90 Minuten

Klasse 7–12

erarbeitete Plakate o. Ä. als Ausstellungsgegenstände

**Beschreibung**

Komplexe Lernprodukte wie Plakate mit Text- und Bildelementen eröffnen die Möglichkeit, Aspekte eines Gegenstandes oder einer Fragestellung anschaulich darzustellen. In der Erläuterung des eigenen Ausstellungsplakates ist je ein Schüler der Gruppe, die dieses erarbeitet hat, gefordert, den „Galeriebesuchern“ aus den anderen Gruppen das Lernprodukt zu erläutern. Da die Erläuterung abwechselnd durch alle Teammitglieder erfolgt, gibt es für jeden Schüler die Chance einer umfassenden und durch die Teamerarbeitung vorentlasteten mündlichen Mitarbeit.

**Durchführung**

In Gruppen werden Ausstellungsplakate zu Aspekten eines Sachgegenstandes oder zu mehreren Sachgegenständen unter einer Leitfrage erstellt. Im Galerierundgang steht immer ein Schüler als Experte neben dem Ausstellungsplakat und erläutert dieses den Galeriebesuchern. Da die Besucher in der Regel andere Aspekte erarbeitet haben, werden sie Rückfragen stellen: Der Experte muss also alle Aspekte des Plakates verstanden haben. Beim Wechsel der Galeriebesucher zum nächsten Plakat muss der Experte abgelöst werden, damit er selbst die anderen Ausstellungsgegenstände wahrnehmen kann. So muss jedes Team sicherstellen, dass alle seine Mitglieder zur Erläuterung des Lernproduktes in der Lage sind.

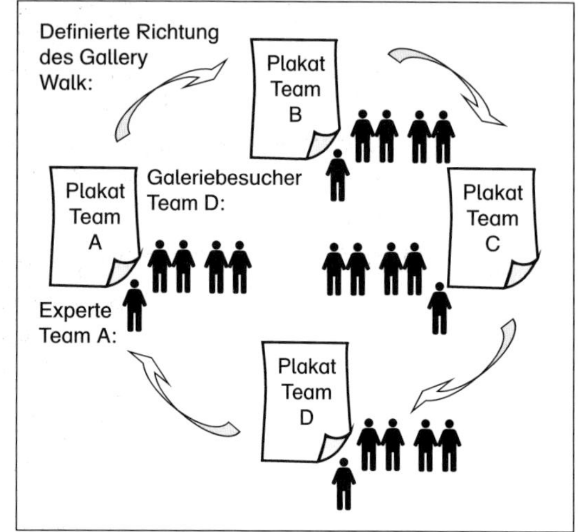


**Beispiel**

- Christen und Muslime im Mittelalter – eine Geschichte der Feindschaft? (Ausstellungsplakate zu den Pilgerfahrten, den Kreuzzügen, Prozessen des Kulturaustausches und der Assimilation mit Text- und Bildelementen.)

**Weitere Hinweise**

- Zur Sicherung des Gallery Walk empfehlen sich Ergebnistabellen, die in der ersten Spalte die jeweiligen Galerieprodukte aufführen und daneben Platz für Notizen bereitstellen. Auch eine dritte Spalte für sich ergebende und die Lerngruppe insgesamt interessierende Fragen kann hilfreich sein.
- Gerade in großen Lerngruppen empfiehlt sich die Festlegung eines strikten Umlaufsinns (z. B. wie in der Grafik im Uhrzeigersinn), da sonst ungleiche Besucherzahlen vor einzelnen Plakaten unvermeidlich sind. Dies bedeutet auch, dass sich der abgelöste Experte jeweils seinem Stammteam zuordnet, damit die Gruppengrößen gleich groß bleiben.
- Da stets ein Experte als Erläuternder fungiert, fehlt diesem jeweils ein Ausstellungsstück. Die Informationen darüber erhält er in einem zusätzlichen Durchlauf oder aber durch seine Teammitglieder.
- Die Besucherteams können auch so gemischt werden, dass Mitglieder aus A, B, C und D stets in einer Gruppe sind. Das erspart einerseits die Ablösung der Experten, andererseits sollte die Gruppengröße für die Erarbeitungsphase dann so organisiert werden, dass es in der neuen Gruppe nur jeweils einen Plakatexperten gibt (z. B. bei vier Plakatteams nur vier Schüler pro Team).

## 3.12 Feature

Vorbereitung und Durchführung 45–90 Minuten

Klasse 8–12

optional Kriterien eines Features als Handout für die Vorbereitung

**Beschreibung**

Das Feature als journalistische Darstellungsform bietet Schülern ein breites Spektrum an mündlichen Artikulationsmöglichkeiten zu einem historischen Sachverhalt. Indem Elemente von Nachricht/Bericht, Reportage, Kommentar und Interview ausgewählt und zusammengestellt werden, können Schüler anschaulich ihre Position zu historischen Sachverhalten darstellen. Für unterschiedliche Lerntypen bieten sich damit variable Möglichkeiten zur mündlichen Mitarbeit.

### Durchführung

Das Feature als journalistische Darstellungsform lässt sich nicht klar definieren, da die Mischung von Kommentar, Reportage oder Interview stets unterschiedlich ausfällt, je nachdem, ob originale oder kommentierende Beiträge die Aussageabsicht stärker unterstützen. In jedem Falle nutzt das Feature die Collage von Textsorten, um mittels dieser künstlerischen Gestaltung eine Position (Erklärung, Beurteilung, Bewertung) zu einem Sachverhalt zu formulieren. Entscheidend ist hier wie bei anderen komplexen historischen Narrationen (vgl. dazu Tipp 2.6 und 2.7) eine herausfordernde Fragestellung wie z. B.: „Die erste Phase der Französischen Revolution – Durchbruch zu ‚Freiheit, Gleichheit, Brüderlichkeit'?" Um hier ein Feature zu erstellen, das die Werturteilsbildung aus Schülersicht spiegelt, können eine (simulierte) Reportage über den Sturm der Bastille, ein (fiktives) Interview mit Vertretern der Generalstände oder auch ein (antizipierter) Kommentar eines britischen Journalisten so gestaltet werden, dass eine zustimmende, ablehnende oder differenzierende Position zur Frage ausgedrückt wird. Das Feature kann dabei mündlich vorgetragen oder szenisch gespielt, aber auch medial festgehalten werden (auf Tonträger oder audiovisuell). Die Reflexion erfolgt entsprechend dieser drei Kriterien:

- möglichst viele verfügbare historische Argumente zu integrieren (empirische Triftigkeit),
- in sich widerspruchsfrei und am Schwerpunkt ausgerichtet zu sein (narrative Triftigkeit) und
- rational nachvollziehbare Urteile zum Frageschwerpunkt abzuleiten (normative Triftigkeit, ggf. unterschieden nach Sach- und Werturteilen, je nachdem, ob diese Differenz in der Lerngruppe eingeführt ist).

### Beispiel

- Die erste Phase der Französischen Revolution – Durchbruch zu „Freiheit, Gleichheit, Brüderlichkeit"?

### Weitere Hinweise

- Aus der Komplexität des Features folgt, dass ein erheblicher Vorbereitungsaufwand nötig wird, der nicht allein in der Unterrichtszeit zu bewältigen ist. Vorbereitende Hausaufgaben über einen längeren Zeitraum können hier sinnvoll entlastend genutzt werden, um einzelne journalistische Darstellungsformen oder auch bestimmte historische Perspektiven vorzubereiten. Haben Schüler dafür genügend Raum, so ist es erstaunlich, welche Qualität Features (und damit komplexe mündliche Aktivitäten) im Rahmen des Unterrichts erreichen können.
- Bei der Gestaltung von Features ist die Methodentreue weniger wichtig als die prägnante narrative Aussage des Lernprodukts. Ebenso lassen sich die journalistischen Darstellungsformen hier auch kriterienorientiert einführen oder aufgreifen und so in einem fächerverbindenden Unterricht (Deutsch) nutzen.
- Das Feature wurde hier als Beispiel für journalistische Darstellungsformen zur Förderung mündlicher Mitarbeit ausgewählt. Ähnlich lassen sich (simulierte) Interviews oder Reportagen im Unterricht einsetzen.

# 4 Basis der mündlichen Leistungsfeststellung verbreitern

## 4.1 Live Speaker

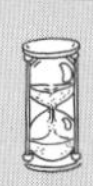

5–20 Minuten (je nach Komplexität und Menge der Objekte)

ab Klasse 5

historische Gegenstände im weitesten Sinne (Artefakte)

### Beschreibung

Durch Audioguides ist das Prinzip des Erläuterns von historischen Gegenständen aus Museen und Ausstellungen bekannt. Ganz in der Art solch auditiver Guides erläutern Schüler ein ausgewähltes (entweder bekanntes oder neu einzuführendes) Artefakt, beispielsweise ein historisches Gemälde, einen Geldschein aus der Inflationszeit oder ein geschichtskulturelles Medium (Buch/Zeitschrift/CD). Dabei erklären die Schüler den enthaltenen sowie übergreifenden Aussagewert des ausgewählten Gegenstandes und stehen für Rückfragen zur Verfügung.

### Durchführung

Von Lehrerseite werden vor oder während einer Unterrichtseinheit unterschiedliche Objekte angeboten, die die Schüler als „Live Speaker“ vorbereiten können, um sie an geeigneter Stelle der Lerngruppe vorzustellen. Dabei sind inhaltliche Aspekte ebenso relevant wie formale (grafische Techniken bei Bildern, rhetorische Figuren bei Reden etc.). Wie bei einem virtuellen Museumsbesuch widmet sich die Lerngruppe ganz intensiv einem historischen Gegenstand mit exemplarischem Aussagewert, den der „Live Speaker“ wie bei einer Museumsführung erklärt. Da Schüler sich auf diese Aufgabe umfassend vorbereiten können, sind sie auch in der Lage, vielfältige Fragen zu den präsentierten Objekten zu beantworten.
Eine ansprechende optische Darbietung unterstützt den Einsatz von Live Speakern (Farbfolien oder Plakate zu Bildern, Sitzkreise um eine gegenständliche Quelle herum, Handouts zu Briefquellen, Hörbeispiele bei Reden). Die gezielte Vorbereitung in der Rolle eines Live Speakers fördert auch das Verständnis für andere Gegenstände der Unterrichtseinheit, wenn der Kontextbezug im Blick behalten wird.

### Weitere Hinweise

- Oftmals beinhalten Lehrbücher interessante historische Artefakte (Bilder/Karikaturen/Briefe u.v.m.), die aus zeitlichen oder sonstigen Gründen im Unterricht nicht ausreichend gewürdigt werden können. Hier besteht die Möglichkeit, Schülern über den eigentlichen Unterrichtsverlauf hinaus Gelegenheiten zur mündlichen Mitarbeit einzuräumen.
- Ist die Methode einmal eingeführt (z. B. indem die Lehrkraft zu einem virtuellen Museumsbesuch einlädt und diesen begleitet), dann werden Schüler auch in Eigenregie historische Artefakte in den Unterricht einbringen. Gerade für jüngere Schüler ist es motivierend, wenn historische Gegenstände oder Medien aus dem häuslichen Umfeld in den Unterricht eingebracht werden können und dort Beachtung finden.

## 4.2 Oral History

15–30 Minuten Durchführung, Vorbereitung 15–30 Minuten

Klasse 8–12

vorbereitete Interviewleitfäden (vgl. Kasten unten), ggf. Rollenkarten

### Beschreibung

Interviews bieten Schülern die Möglichkeit, perspektivgebundenes historisches Wissen zu erheben und auszuwerten. Dabei wird die Methode in den meisten Fällen simuliert stattfinden; Zeitzeugenbörsen, historische Vereine oder Kontakte zu Senioreneinrichtungen können aber auch konkrete Möglichkeiten zur Anwendung von Oral History bieten. In jedem Falle wird durch die Methode das Bewusstsein für die stets innewohnende Perspektivität in der historischen Rekonstruktion erfahrbar.

Die mündliche Geschichtstradition zum Unterrichtsobjekt werden zu lassen, stellt eine Erweiterung der Beteiligungsmöglichkeiten für Schüler dar: Bereits bei der Erstellung eines Interviewleitfadens müssen sie reflektieren, welche Kontextinformationen wichtig sind, um historische Aussagen der Person bewerten zu können. Bei der Erhebung der Aussagen müssen die Schüler zwischen authentischem Erleben und nachträglicher Konstruktion unterscheiden – so fließend die Grenze auch immer ist. Kurz: Sowohl in simulierten als auch real durchgeführten Interviews der Oral History erfahren Schüler, dass die perspektivbezogene Rekonstruktion von Sachverhalten in der Geschichtsschreibung immer vorhanden ist.

### Durchführung

**Interviewleitfaden (Beispiel)**

1. Ebene: Kindheit und Familie (Erziehung)

[konkrete Fragen zur Person]

2. Ebene: Jugend, Schule, Beruf (Soziale Umgebung)

[konkrete Fragen zur Person]

3. Ebene: Individuelle Einstellungen (Werte und Normen)

[konkrete Fragen zur Person]

4. Ebene: Verhältnis zum untersuchten historischen Sachverhalt (Akteur, Leidtragender)

[konkrete Fragen zur Person]

5. Ebene: Bewertungen in der Rückschau (Sinnstiftung)

[konkrete Fragen zur Person]

Bei einer simulierten Oral History bereiten Schüler auf der Grundlage von Quellen historische Perspektiven vor, die dann im Rahmen des Unterrichts interviewt werden. Dabei können die Rollen ausgelost oder vorgegeben werden. Sowohl Interviewer als auch Interviewter müssen dabei die Rubriken des Interviewleitfadens kennen, nicht aber die konkreten Fragen. Auch in real durchgeführten Interviews müssen Grundzüge der Biografien bekannt sein, damit gezielte Interviewleitfäden vorbereitet werden können.

Die Auswertung soll auf der Grundlage von angefertigten Stichpunkten erfolgen. Zudem ist neben der inhaltlichen Auswertung (was haben wir herausbekommen, was nicht – und in welchem Verhältnis stehen die Aussagen zu anderen Quellen bzw. Darstellungen?) auch eine methodische notwendig (greifen Historiker ebenso auf solche Interviews zurück, ist mündliche Geschichte auch in schriftlichen Quellen enthalten, ist eine Geschichtsschreibung ohne mündliche Überlieferung denkbar?).

**Beispiele**

- Geschichte(n) aus der DDR und der Bundesrepublik sind anschaulich darzustellen.
- Migrationsgeschichten von Geflüchteten helfen bei der Konkretisierung oft abstrakter Diskussionen.

**Weitere Hinweise**

- Besteht die Möglichkeit, Tondokumente zu erstellen, so kann es bei authentischen Zeitzeugen durchaus aufschlussreich sein, auch Aspekte wie Sprechtempo, Pausen, Zögern etc. zu deuten. So lassen sich Hinweise zur Transkription integrieren.

## 4.3 Historische Reden

15–30 Minuten für Präsentation und Reflexion

Klasse 7–12

Musterreden (gedruckt oder auf Tonträger bzw. audiovisuell), ggf. Requisiten für Redner

**Beschreibung**

Reden sind als historische Quellengattung ein besonderes Medium für situations- und adressatenbezogene Absichten historischer Akteure. Indem Schüler von der kriteriengeleiteten Analyse von Wirkmechanismen in historischen Reden zu eigenen Redebeiträgen fortschreiten, entwickeln sie ein besonderes Verständnis für diese Quellengattung und schulen zugleich ihre mündliche Artikulationsfähigkeit. Darüber hinaus können sie sensibel für die Standortgebundenheit historischer Quellen insgesamt werden, wenn dies übergeordnet in der Lerngruppe diskutiert wird.
Historische Reden als Quellengattung finden sich (in der Regel in Auszügen) in allen einschlägigen historischen Lehrwerken. In der Fachliteratur werden historische Reden – ob von Cicero, Luther oder Kennedy – in ihren Kontext gestellt und häufig werden Algorithmen für deren Analyse präsentiert. Dies bildet den Ausgangspunkt für die Entwicklung eigener Reden durch Schüler.

**Durchführung**

**Analyseleitfaden – Produktionskriterien (Beispiel)**

1. Inhaltliche Ebene (Textgestaltung)
   inhaltliche Schwerpunkte, zentrale Argumente, logischer Aufbau, rhetorische und andere sprachliche Mittel …
2. Einflussfaktor Ort
   historische und/oder symbolische Bedeutung (Traditionsort), Arrangement um den Redner (Pult/Bühne/Dekoration) …
3. Einflussfaktor Situation
   tagespolitische Anlässe, historische Tradition (Jahrestage etc.), Aufgreifen/Spiegeln der Situation in der Rede …
4. Einflussfaktor Adressaten/Hörer
   Erwartungshaltungen (Parlament/Demonstration …), Feedback (Beifall/Zwischenrufe …), Kontaktaufnahme (geplant/spontan) …

Haben die Schüler an Beispielen erfahren, wie historische Reden sowohl inhaltlich als auch rhetorisch durch Ort, Situation und Adressaten beeinflusst sind, können sie selbst für konkrete oder fiktive historische Ereignisse Reden entwerfen, die auf ausgewählte Situationen, Orte oder Adressaten reagieren. Die Darbietung der Reden kann dabei sowohl im reinen Vorlesen als auch im szenischen Darstellen bestehen. Letzteres ist authentischer und bietet mehr Möglichkeiten für nonverbale Ausdrucksmittel, vor allem durch Mimik und Gestik.
Die Auswertung besteht darin, Absichten und Wirkungen (nicht die historische Glaubwürdigkeit) der entworfenen Reden zu reflektieren: Hat

der Redner überzeugende inhaltliche und formale Gestaltungsmittel gewählt? Wurden Ort, Situation und Adressatenkreis angemessen berücksichtigt? Womit lässt sich das (oder das Gegenteil) begründen?

**Weitere Hinweise**

- Redeinhalte und Wirkungsabsichten jenseits von schulrechtlichen und grundgesetzbezogenen Werten und Normen auch in fiktiven Situationen sind nicht zulässig. Auch bei moralischen und politischen Kontroversen muss die Lehrkraft reflektieren, ob die Methode angemessen ist.

## 4.4 Kontrafaktisches Erzählen – „Was wäre, wenn ...?“

10–20 Minuten Präsentation, Vorbereitung 15–30 Minuten

Klasse 8–12

optional Konstruktionskriterien (vgl. Kasten unten)

**Beschreibung**

Durch kontrafaktisches Erzählen vertiefen die Schüler ihre Einsicht in die Komplexität von Faktoren und offene Möglichkeiten bei historischen Verläufen. Mit der bewussten Veränderung von Konstellationen und der begründeten Hypothesenbildung, was aus den Veränderungen folgen würde, üben sich Schüler in der Auswahl, Gewichtung und Abschätzung von Folgen historischer Einflussfaktoren. Damit gewinnen sie ein vertieftes Verständnis dafür, dass Geschichte immer auch anders hätte verlaufen können.
In der Historiografie ist das kontrafaktische Erzählen nicht besonders verbreitet; als Methode der Entwicklung von Narrativität im Unterricht kann sie allerdings sehr dienlich sein. Zugleich bietet sie ein Feld kreativer Entfaltungsmöglichkeiten für Schüler, die im analytischen Unterricht seltener zum Zuge kommen.

**Durchführung**

**„Was wäre, wenn ...?“**
**Konstruktionskriterien**

1. Stimmigkeit der Daten und Fakten (empirische Triftigkeit)
   → Werden ausreichend historische Belege eingebracht; stimmen diese; wird nichts Wesentliches verschwiegen ...?
2. Stimmigkeit der Erzählung (narrative Triftigkeit)
   → Ist die Erzählung in sich nachvollziehbar; folgerichtig aufgebaut; widerspruchsfrei ...?
3. Stimmigkeit der Beurteilung (normative Triftigkeit)
   → Wird die Pointe der historischen Variante deutlich (Alternative des historischen Verlaufs); ist diese Urteilsbildung für die konstruierte Situation zutreffend abgeleitet; werden allgemeine Normen (wie Menschenrechte) beachtet ...?

Erste Anregungen zum kontrafaktischen Erzählen kommen von der Lehrkraft: Durch die bewusste Eliminierung von historischen Personen (bspw. Caesar/Hitler) oder wesentlichen Einflussfaktoren (Investiturstreit/Dreißigjähriger Krieg) sind Schüler aufgefordert, dadurch abweichende historische Linien zu konstruieren. Dabei dürfen diese Gedankenexperimente nicht willkürlich vorgehen, sondern müssen möglichst alle anderen verfügbaren Faktoren in der historischen Situation so weit wie möglich berücksichtigen. Die Gütekriterien an eine gelungene Narration (siehe Tipp 2.6 oder 2.7) sind auch hier relevant.
Die Narrationen selbst werden entweder vorgetragen oder als Text für die Lerngruppe

vervielfältigt. Die Reflexion über die kontrafaktischen Geschichtserzählungen erfolgt entlang der Kriterien empirischer, narrativer und normativer Triftigkeit (s. Kasten). Dabei ist es besonders aufschlussreich, wenn es unterschiedliche Varianten mit ähnlicher Güte zu einer identisch veränderten Situation gibt: Grundsätzlich ist die Geschichte offen und stets voller nicht realisierter Entwicklungspotenziale, so naheliegend auch bestimmte Entwicklungsrichtungen (wie etwa am Ende der Weimarer Republik) erscheinen.

**Weitere Hinweise**

- Beispiele kontrafaktischen Erzählens (z. B. Alexander Demandt, Steven Fry) können als Anregungen dienen. Allerdings ist es bereits auf der Grundlage von Lehrbuchtexten möglich, die Eingriffe selbst vorzunehmen.
- Nehmen Schüler die Eingriffe im historischen Setting selbst vor, wird klar (und in der Lerngruppe diskutierbar), welche Faktoren für sie „Geschichte prägen“.

## 4.5 Talkshow

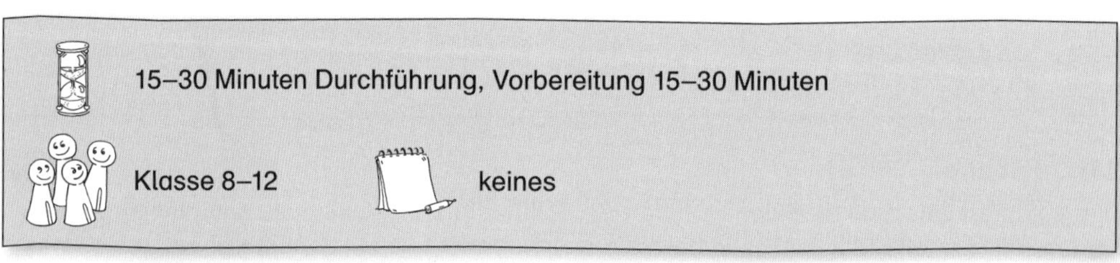


**Beschreibung**

Im Gesprächsformat der Talkshow nehmen Schüler bestimmte Perspektiven zu einem historischen Sachverhalt ein. Damit haben sie eine gesicherte Ausgangsbasis für die Vorformulierung von Urteilen zur Fragestellung, müssen aber gleichzeitig flexibel auf andere Positionen und deren Herausforderungen an die eigene Perspektive reagieren. Zugleich sind sie in dieser Gesprächssituation nicht allein, erleben also neben der spezifischen Herausforderung auch entlastende Momente.
Zu politischen Themen sind Talkshows in den Medien oft präsent. Das Modell einer moderierten Gesprächsrunde mit unterschiedlichen Positionen lässt sich somit einfach für den Unterricht zu historischen Beurteilungsfragen übertragen.

**Durchführung**

Voraussetzung ist die Formulierung einer Leitfrage (vgl. Tipp 2.6, 3.12 oder 4.8), zu der unterschiedliche Positionen in einer Debatte (von Historikern/Zeitgenossen/politischen Kommentatoren etc.) vorliegen. Diese Positionen nehmen die Schüler ein. In der Vorbereitung der Talkshow sammeln sie verfügbare Argumente für ihre Perspektive (bereits im Unterricht erarbeitete bzw. durch Hausaufgaben recherchierte), die sich auf die Leitfrage beziehen lassen. So verschaffen sie sich einen Überblick über „ihre“ historische Perspektive und nehmen mögliche Erwiderungen und Einwände vorweg.
In der Durchführung sorgt der Moderator dafür, dass der Austausch themenbezogen, sachlich fair und ausgewogen bleibt (vgl. hier die Hinweise zur Fishbowl-Diskussion Tipp 3.10). Im Anschluss an die Talkshow reflektiert die Lerngruppe die Gesprächsrunde insgesamt: Gab es besonders überzeugende Positionen, worin liegt das begründet, kann man die Leitfrage also tendenziell entscheiden ...?

**Beispiel**

- Die Punischen Kriege – pure Absicht der Römer? (Moderator/Sallust/Cato Maior/Polybios/Cicero/A. Heuß/F. Hampl)

**Weitere Hinweise**

- Als methodische Einführung kann das kriteriengeleitete Analysieren einer Talkshow aus dem Fernsehen dienen: Was kennzeichnet eine konstruktive Moderatorenrolle? Wie können überzeugende Bezugnahmen hergestellt werden? Welche rhetorischen Mittel bieten sich an?
- Wahlweise können die Schüler auch über alle Positionen in der Talkshow informiert werden und – ggf. in Teams binnendifferenziert – die Debatte vertiefter vorbereiten.
- Die Methode besitzt eine strukturelle Nähe zur Fishbowl-Diskussion (vgl. Tipp 3.10), da auch hier die Teilnehmer stellvertretend für eine gesamte Arbeitsgruppe sprechen. Eine Art „freier Stuhl" lässt sich auch bei der Talkshow einbauen, z. B. als Fragerunde an das Publikum.

## 4.6 Portfolio

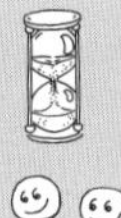
45–90 Minuten Durchführung, langfristige häusliche Vorbereitung

Klasse 7–12

extra Hefter (Ordner, Sammelmappe) für das Portfolio

**Beschreibung**

In Portfolios sammeln und reflektieren Schüler Materialien zu einem ausgewählten historischen Sachverhalt bzw. einer historischen Fragestellung. Dabei sind sie in der Auswahl der Materialien für ihr Portfolio frei sowie selbstständig tätig und nur dazu verpflichtet, dass ihre Sammlung Aufschluss über Inhalte, Folgen und Diskussionen im Kontext des Sachverhaltes gibt. So erstellen die Schüler ein komplexes Bild (eine „thick description") zum Sachverhalt und werden im hohen Maße gesprächsfähig.
Portfolios können, müssen aber nicht zu einer historischen Leitfrage angefertigt werden. Auch Sachgegenstände (s. Beispiele) können Ausgangspunkte für Portfolios sein. Im Idealfall werden die Themen von den Schülern selbst benannt, aber auch eine lehrergesteuerte Vorgabe möglicher Portfoliothemen ist geeignet.

**Durchführung**

**Portfoliomerkmale sind:**

- die durchgehende Themenbindung
- Selbstständigkeit
- das Sammel- und Auswahlprinzip
- die Einbeziehung außerschulischer Lernprozesse
- das Sichtbarmachen und Reflektieren der Bemühungen um Fortschritte
- die Reflexion des eigenen Lernweges
- die Entwicklung und Fixierung der Kriterien (damit auch der Bewertungsmaßstäbe) mit den Schülern
- die Präsentation in unterschiedlichen Kontexten
- die wechselseitige Auswertung (im Prozess)

Die Betonung des eigenständigen Sammelprinzips setzt voraus, dass Schüler ausreichend Zeit für den Prozess der Portfolioerstellung erhalten. Mehrere Wochen sind dafür denkbar. Abzukürzen ist die Aufgabenstellung, wenn Material in der Schule zur Verfügung gestellt wird. In den Portfolios reflektieren die Schüler die aufgefundenen Materialien (welchen Aussagewert haben diese, welche Fragen ziehen sie nach sich, wo müsste weiter-

recherchiert werden?) und ihren eigenen Lernweg (was habe ich bisher erfahren, wo besteht Klärungsbedarf, wie werde ich weiterarbeiten ...?).
Portfolios sollten nicht erst nach deren Beendigung, sondern bereits im Prozess evaluiert werden. Hier empfiehlt es sich, die Schüler zuerst untereinander (in Kleingruppen, ggf. mit arbeitsgleichen oder arbeitsverwandten Themen) die Portfolios in ihrem Entwicklungsstand vorstellen und Hinweise zur Weiterarbeit austauschen zu lassen. Die Lehrkraft sollte in diesen Zwischenphasen und am Ende des Arbeitsprozesses die Schüler in die Bewertung der Portfolios nach vorab transparent gemachten Kriterien (siehe Kasten) einbeziehen (vgl. Tipp 2.3 und vor allem 2.5).

**Beispiele**

- Wie sah die „Industrielle Revolution in meiner Stadt" aus?
- Gab es eine „NS-Aufarbeitung in der Kommune" in angemessener Art und Weise?

**Weitere Hinweise**

- Portfolios sind vor allem zu regional- und mentalitätsgeschichtlichen Fragen sehr sachdienlich, da hier oft Erkundungen im außerschulischen Raum möglich sind. Ebenso sind solche Möglichkeiten bei anderen Themenfeldern gegeben (durch Hochschulen/Institute/Geschichtsvereine).
- Portfolios sollten der Schulöffentlichkeit vorgestellt werden. Ob bei Projekttagen, am Tag der offenen Tür oder zu anderen Anlässen haben Schüler hier über den Unterricht hinaus die Möglichkeit, ihre historische Kompetenz und mündliche Ausdrucksfähigkeit zu zeigen.

## 4.7 Reisebüro „Zeit & Raum"

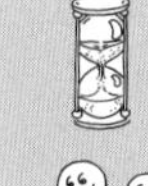
45–90 Minuten Durchführung, Vorbereitung 15–30 Minuten

Klasse 5–10

Plakate, Werbebroschüren oder Verkaufsgespräche

**Beschreibung**

In der Rolle als Reisebüroangestellter, der für geschichtsinteressierte Kunden Werbestrategien für historische Orte, Ereignisse oder sogar ganze Epochen entwerfen soll, durchdringen Schüler die zu bewerbenden Ereignisse und übertragen ihr Wissen in Kommunikationsstrategien. Diese bestehen aus textlichen, visuellen oder szenischen Werbebotschaften, die dem Kunden den historischen Sachverhalt vielseitig und interessant darstellen. Dabei besteht eine besondere Herausforderung darin, problembehaftete Aspekte des historischen Geschehens nicht auszusparen, sondern als besonderen Anreiz in die Werbestrategie zu integrieren.
Zeitreisen sind im Genre der Science Fiction verbreitet. Eine gedankliche Reise zu früheren Ereignissen, Orten oder Epochen gibt Schülern Anlass, mündliche Mitarbeit über unterschiedliche Kanäle zu aktivieren und so viele Lerntypen anzusprechen.

### Durchführung

Zu einem von den Schülern oder der Lehrkraft benannten historischen Sachverhalt entwerfen die Schüler – vorzugsweise in Kleingruppen – auf der Grundlage bereits vorhandenen oder zu recherchierenden Wissens Werbematerialien, in die ihre Interessen und individuellen Stärken einfließen. Dies kann ein Plakat oder eine Broschüre (mit Bild- und Textelementen) wie auch ein typisches Kundengespräch oder eine Spielszene sein, die all diese Elemente integriert. Die Präsentation wird in einem Reisebüro vor der Lerngruppe situiert (hierbei kann es zu Umbauphasen kommen) oder aber als Stationenbetrieb an mehreren Orten im Klassenraum erfolgen. Wichtig ist, dass in jedem Falle eine inhaltliche und übergeordnete Reflexion erfolgt, indem hinterfragt wird, wie faktenreich bzw. ausgedacht die Werbung der historischen Sachverhalte war, wie bzw. welche Fakten ausgewählt wurden und inwiefern Werbestrategien überhaupt Anforderungen historischer Rekonstruktion gerecht werden (bzw. eine solche immer beschönigen).

> **Willkommen im Reisebüro „Zeit & Raum" – Ihrem Experten für historische Zeitreisen!**
>
> [Plakat mit Collage aus Bildern historischer Orte oder Artefakte]
>
> *Eure Aufgabe ist es, Kunden für eine Reise in eine historische Epoche/zu einem historischen Ereignis zu interessieren.*
>
> → ***Wählt dabei ein Ziel aus.***
> → *Erstellt Werbematerialien für euer Reiseziel (Plakat/Flyer/Werbegespräch/Sketch ...).*

### Weitere Hinweise

- Moralisch und/oder rechtlich problematische historische Sachverhalte sollten keine Gegenstände von Werbestrategien sein.
- Die Methode ist zeit- und vorbereitungsintensiv, weswegen gestalterische Aspekte in vorbereitende Hausaufgaben ausgelagert werden müssen. Der Mehrwert für das historische Lernen ist jedoch enorm, gerade wenn reflektiert wird, inwieweit gezieltes Werben für historische Traditionen die Auswahl der Rekonstruktionsarbeit steuert – eine wesentliche Erkenntnis zur Einschätzung geschichtskultureller Debatten.

## 4.8 Geschichte ausstellen

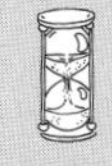

45–90 Minuten Durchführung, Vorbereitung 30–45 Minuten

ab Klasse 5

Plakate (Packpapier/Flipcharts) für die Ausstellungsobjekte

### Beschreibung

Um Besucher einer virtuellen Geschichtsausstellung zu interessieren und deren Aufmerksamkeit für möglichst viele Aspekte des Ausgestellten zu sichern, müssen Schüler als Ausstellungsgestalter über Inhalt und Form des Ausgestellten besonders nachdenken: WAS muss bzw. kann für diesen Sachverhalt repräsentativ dargestellt werden? WIE lässt sich das Charakteristische des historischen Aspektes deutlich machen? INWIEWEIT bedarf das Ausgestellte der Kommentierung? Schüler sind sowohl bei der Gestaltung der Ausstellung als auch der Führung durch diese auf unterschiedlichen Kanälen gefordert, historische Erkenntnisse zu vermitteln.

### Durchführung

Die Formulierung von Themenfragen für die Ausstellungsgegenstände kann durch die Schüler, aber auch den Lehrer erfolgen (vgl. Tipp 2.6 und 3.12). Damit rein beschreibende Ausstellungsdesigns vermieden werden, sollten klar schwerpunktbezogene Fragen bevorzugt werden (s. Beispiele). In arbeitsteiligen oder arbeitsgleichen Gruppen erstellen die Schüler dann Ausstellungsgegenstände (zumeist Plakate, aber auch gegenständliche Quellen oder Hör- bzw. Spielszenen sind denkbar), die als Fazit der Argumente zur Leitfrage dienen. Die Anordnung der Bild-, Text- und sonstigen Dokumente dient dabei der Vorbereitung der Urteilsbildung, die in einer zielgerichteten Führung (mit Erläuterungen oder weiteren Kontextverweisen) vervollständigt wird.
Die Präsentation kann in Form des Gallery Walk erfolgen (vgl. Tipp 3.11) oder aber als freier Ausstellungsrundgang. Auch hier (vgl. Tipp 4.7) empfiehlt sich eine Reflexion der Ausstellung sowohl auf inhaltlicher als auch formaler Ebene.

### Beispiele

- Die 1950er in der Bundesrepublik – (Wirtschafts-)„Wunderjahre"?
- Friedrich II. – ein „aufgeklärter Absolutist"?
- Die DDR – ein „Unrechtsstaat"?

### Weitere Hinweise

- Historische Ausstellungen finden im schulischen Kontext selten statt aufgrund des Aufwandes in der Erstellung. Projekttage oder projektbezogene Unterrichtsphasen sollten sich dieser Methode aber bewusst widmen, da in ihr viele Lerntypen angesprochen und umfassend historisches Denken dokumentiert, diskutiert und reflektiert werden können.
- Trotz des Aufwandes an Zeit und Material ist die Methode für viele Lernkanäle offen und repräsentiert ein so anschauliches Lernprodukt, dass sie für die Erweiterung mündlicher Beteiligungschancen kaum hoch genug eingeschätzt werden kann.
- Kooperationen mit außerschulischen Partnern (Museen/Forschungsinstituten/Geschichtsvereinen) können helfen, den Aufwand zu begrenzen und materielle sowie fachliche Unterstützung zu erhalten.

# 5 Ängste mindern

## 5.1 Drei-Schritt-Interview

30–45 Minuten Durchführung, Vorbereitung ca. 15–30 Minuten

ab Klasse 5

keines

### Beschreibung

Im Drei-Schritt-Interview prüfen die Schüler ihre Arbeitsergebnisse im Interview mit einem Partner, bevor sie in den Austausch mit der gesamten Lerngruppe gehen. So wird der Druck auf den Einzelnen entlastet, Klärungsbedarf kann (zumindest in Teilen) vorher abgebaut werden, bevor ein Schüler im Plenum Rede und Antwort steht. Durch eine Konstellation mit mehreren Schülern kann diese Entlastung noch verstärkt bzw. auf weitere Themenfelder ausgedehnt werden.

### Durchführung

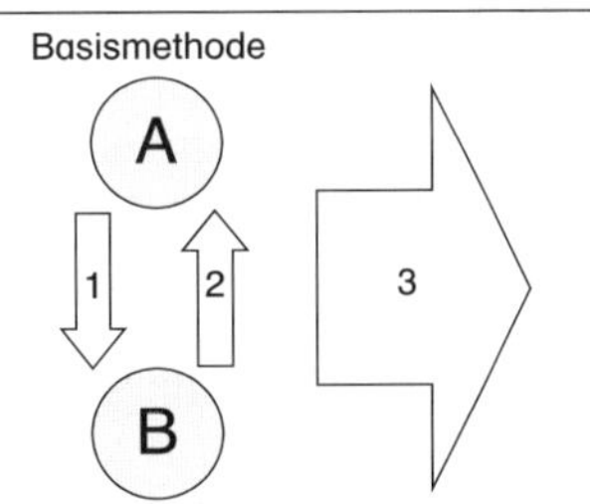


Die Schüler bearbeiten zuerst Aufgaben in Einzelarbeit. Diese können für Schüler A und B arbeitsgleich oder arbeitsteilig sein. Im Interview informieren sich die Schüler über ihre Arbeitsergebnisse, geben notwendige Erläuterungen und klären Verständnisfragen im Rahmen ihrer Möglichkeiten selbstständig. Dabei ist das Interview ritualisiert in die Phasen 1 und 2 (siehe Kasten), wobei jeweils der eine Schüler Interviewer, der andere Interviewter ist. Der dritte Schritt ist der Austausch mit dem Plenum.

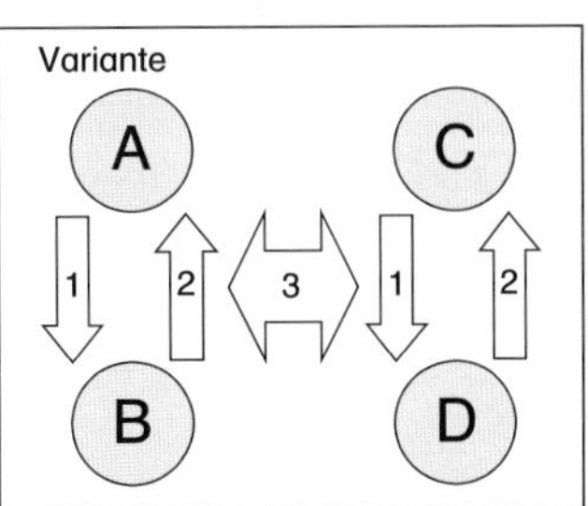


Varianten des Drei-Schritt-Interviews ergeben sich durch die Möglichkeit, vor dem Austausch mit der Lerngruppe die Ergebnisprüfung sowie Verständnisklärung mit einem zweiten Paar zu vergleichen. Dadurch werden Schüler weiter im Druck des Sprechens vor der Lerngruppe entlastet, zugleich wird durch den zweiten Abgleich auf Ebene der Schüler die Selbstständigkeit im Vergleichen und Korrigieren von Ergebnissen geschult.
Auch zu dritt lässt sich das Drei-Schritt-Interview durchführen. Dann wäre der jeweils dritte Schüler (neben dem Interviewer und dem Interviewten) der Protokollant, der entweder verbliebenen Klärungsbedarf für das Plenum notiert oder in den bereits vorliegenden Aufzeichnungen vermerkt, welche Korrekturen vorgenommen wurden.

### Beispiele

- Ergebniskontrollen bei Analyse- und Deutungsaufgaben
- Vorbereitung der Urteilsbildung vor einem Diskurs im Plenum der Lerngruppe

## 5.2 Diskursperspektiven unterstützen

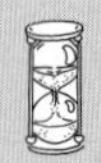
ca. 10 Minuten Vorbereitungszeit

Klasse 7–12

Austausch beobachten und kontrollieren; Redemittel zur Verfügung stellen (s. Anhang, S. 67 f.)

**Beschreibung**

Der freie Diskurs ist für viele Schüler eine große Herausforderung, da spontanes und zugleich kriterienorientiertes Argumentieren schwierig ist. Wenn sich Schüler auf eine bestimmte Rolle konzentrieren können und dafür auch Hilfen erhalten, wird ihnen eine Beteiligung im komplexen Diskurs eher möglich. Durch den Abbau solcher Hilfestellungen werden Schüler zunehmend in der Lage sein, eigenständig und zielgerichtet in einem Diskurs zu agieren.

**Durchführung**

Bevor Diskurse zu einer beurteilungsoffenen Frage durchgeführt werden, informiert die Lehrkraft darüber, dass es bestimmte Beobachtungs- und Kontrollaufträge bzw. unterstützende Redemittelkarten für den Diskurs gibt. Diese Aufgaben können nach Freiwilligkeit oder aber von der Lehrkraft aufgrund beobachteter Stärken bzw. Handicaps im freien Diskurs verteilt werden.

Während des Diskurses haben die Schüler mit den Beobachtungs- und Kontrollaufgaben ein begünstigtes Eingriffsrecht in den Austausch: Heben Sie die Karte mit dem Stopp-Symbol (ggf. sollte diese Karte farbig kopiert und laminiert werden), kommen sie zu Wort und schildern ihre Beobachtung. Wird diese von der Lerngruppe geteilt, muss der Diskurs in korrigierter Weise weitergeführt werden. Es ist auch denkbar, dass sich ein Schüler in seiner Beobachtung irrt. Sollte dies geschehen, dann muss dies ihm gegenüber erläutert werden, denn Irrtümer ändern nichts daran, dass die Kontrollfunktionen, die durch die Schüler ausgeübt werden, wichtig sind und Wertschätzung verdienen.

Schüler mit Redemittelkarten signalisieren durch das Icon, in welche Richtung sie argumentieren bzw. ob sie nachfragen wollen. Hier kann die Lehrkraft (oder ein anderer Moderator für den Diskurs) entscheiden, ob dies in der jeweiligen Diskurssituation sachdienlich ist oder zu einem späteren Zeitpunkt aktiviert werden sollte.

**Beispiel**

→ Anhang, S. 67 f. (Vorlagen): Austausch beobachten und kontrollieren; Redemittel zur Verfügung stellen

**Weitere Hinweise**

- Die in den Kopiervorlagen vorgeschlagenen Formulierungen zum gezielten Eingreifen in Diskurse sind Vorschläge. Es können andere Kriterien und sprachliche Hilfen formuliert oder die vorgeschlagenen abgeändert werden.

## 5.3 Blitzlicht

5–15 Minuten (je nach Lerngruppengröße)

ab Klasse 5

keines

**Beschreibung**

Ein Blitzlicht beruht auf individuellen Assoziationen (mit einem Sachverhalt/einer Fragestellung), dem Artikulieren von eigenen Lernfortschritten oder Feedbackäußerungen. Damit sind Schüleraussagen entlastet von einem konkret definierten Erwartungshorizont und ermöglichen Äußerungen im Kreis der Lerngruppe ohne Leistungsdruck. Da Schüler hier auch vielfältige Anschlussmöglichkeiten an andere nutzen können, ist die Methode eine überwiegend belastungsfreie Artikulationsmöglichkeit.

**Durchführung**

Als Einstieg in Lernprozesse bietet sich ein Blitzlicht oft an, um erste Assoziationen zu einem Sachgegenstand oder einer Fragestellung zu erheben (vgl. Brainstorming Tipp 3.1). Aber auch am Ende einer Unterrichtseinheit ist das Blitzlicht geeignet, um ein Feedback zu inhaltlichen und/oder methodischen Lernerfolgen zu starten.
Die Schüler artikulieren in einer definierten Umlaufrichtung (im Uhrzeigersinn/Bankreihen von vorn nach hinten bzw. links nach rechts) in einem kurzen Statement, wie sie zum Sachverhalt bzw. zur Frage stehen (wie sie ihren Lernerfolg einschätzen). Dabei können spätere Wortmeldungen auf frühere Bezug nehmen, diese vertiefen oder diesen auch widersprechen. Solche Äußerungen können dann Ausgangspunkt für Erörterungen in der gesamten Lerngruppe sein, da sie einen Trend in der Assoziationsrichtung beschreiben. Auch Untersuchungshypothesen können sich aus dem Blitzlicht ergeben.

**Weitere Hinweise**

- Eine Modifikation der Methode legt weder Reihenfolge noch Umlauf fest, sondern lässt Freiwillige beginnen und dann die anderen – je nach Übereinstimmung oder Widerrede – Anschluss nehmen. Dies macht bestimmte Trends in der Lerngruppe deutlicher, kann aber unübersichtlicher in der Organisation werden.
- Bestimmte Schüler nutzen bei Blitzlicht-Abfragen den Anschluss an andere als Vermeidungsstrategie („Ich sehe das genau wie …“; „Ich schließe mich an.“). In solchen Fällen müssen Lehrkräfte in das (eigentlich ohne Impulse ablaufende) Blitzlicht eingreifen, da auch für ähnliche oder gar gleiche Positionen eigene Begründungen einzufordern sind – die nicht selten Unterschiede offenbaren.

## 5.4 Jeopardy

10–30 Minuten Durchführung, Vorbereitung 15–30 Minuten

Klasse 7–12

Punkteraster an einem Präsentationsmedium (Tafel/OHP)

### Beschreibung

Die Form des Ratespiels, bei dem zu einer gegebenen Antwort die richtige Frage gesucht wird, hilft Schülern in der Regel recht effizient und angstfrei, ihr Verständnis historischer Sachverhalte zu erweitern und zu vertiefen. Hören sie die Beschreibung eines Ereignisses, die Charakterisierung einer Person oder die Erläuterung von Strukturen, können sie zumeist zielsicher ableiten, worum es sich handelt und dies als Frage formulieren. Wird das historische Jeopardy zudem in Kleingruppen gespielt, werden der Erwerb und die Verankerung von Wissen weiter entlastet.

### Durchführung

Als Vorbereitung sammeln die Schüler historische Ereignisse, Personen oder Strukturen, die entweder einem Themenfeld entstammen oder aber auf mehrere verteilt sind. Je nachdem, für wie kompliziert sie das Herausfinden der richtigen Frage halten, ordnen sie die Sachgegenstände den Punktwerten 20 – 40 – 60 – 80 – 100 zu. Bei der Sammlung solcher Sachgegenstände helfen z. B. der Hefter, das Register im Schulbuch oder andere Quellen für historisches Wissen.

Die Spieler (z. B. eine Bankreihe) benennen bei den Spielleitern eine Punktzahl und erhalten die dieser Punktzahl zugeordnete Erläuterung des historischen Sachverhalts (z. B. die Erklärung des Peloponnesischen Krieges, eine Kurzbiografie Bismarcks oder die Definition des langen 19. Jahrhunderts). Nun müssen die Spieler die dazugehörende Frage formulieren („Was war der Peloponnesische Krieg?" oder „Wer war Bismarck?"), dann haben sie die Punkte für ihr Team errungen. Ist die Frage falsch oder ungenau, kann ein anderes Team einen Alternativvorschlag machen und die Punkte für sich einsammeln.

Besonders interessant ist diese Variante der Verankerung von Wissen, wenn Teams gegeneinander spielen und die Teams fünf unterschiedliche Wissenselemente in der Wertigkeit 20 bis 100 definieren. Dann können sich die Teams auch Namen geben („Hannibals weise Elefanten" oder „Hildegards kluge Schwestern") und auch zu unterschiedlichen Zeitpunkten eines Schuljahres das Wissen untereinander testen.

### Weitere Hinweise

- Vor dem ersten Spielen von Jeopardy ist es hilfreich, wenn die Lehrkraft anhand von Beispielen die Spielidee erläutert. Ansonsten ist es absolut sinnvoll und auch leicht umsetzbar, dass Antworten und korrespondierende Fragen von Schülerseite formuliert werden. Selbst wenn die Hierarchisierung von 20 bis 100 dann oft anders vorgenommen wird, als Lehrkräfte es tun würden, ist dies wertvoll für die Diagnostik dessen, was Schüler innerhalb der historischen Wissensbestände für schwer bzw. leicht halten.

## 5.5 Placemat

15–30 Minuten

Klasse 5–10

vorstrukturierte Plakate (Packpapier/Flipcharts)

**Beschreibung**

Im Placemat sammeln die Schüler Voreinstellungen oder abgeleitete Urteile zu Sachverhalten und diskutieren diese. Dabei führen sie zuerst ein stilles Schreibgespräch und tauschen sich erst danach in mündlicher Form über das Dokumentierte aus. Dadurch können Beiträge vorentlastet werden – und diese bleiben zugleich präsent, sollten andere Positionen eine stärkere Rolle in der Diskussion einnehmen (und so in rein mündlichen Austauschprozessen weniger präsente Positionen verdrängen).
Da sich die Teilung eines großen Bogens Papier in vier Segmente anbietet, ist diese Methode des strukturierten Sammelns und Diskutierens auch als „Vier-Ecken-Methode" bekannt, jedoch ist das Prinzip auch für Gruppen von fünf oder sechs Schülern ohne Verluste umsetzbar.

**Durchführung**

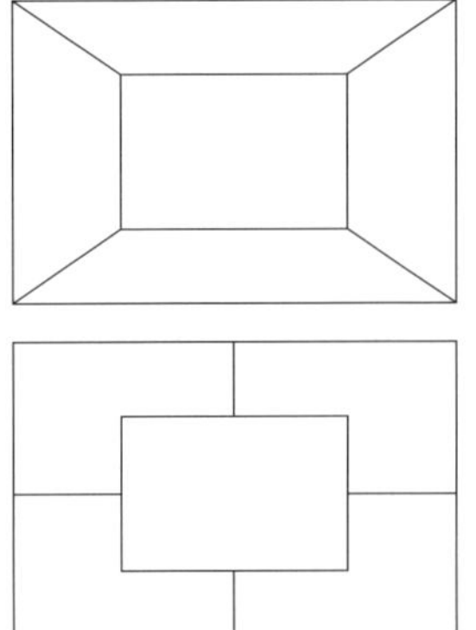

Die Schüler werden in Gruppen von vier bis sechs zusammengesetzt, sodass sie jeweils vor einem Segment des Placemats sitzen. Die Schüler sammeln in der ersten Phase in ihrem Placemat-Feld schriftlich ihre Gedanken (Voreinstellungen, Urteile) zu einem Sachverhalt, der an der Tafel zur Meinungsäußerung auffordert. Sind sie damit fertig, unterschreiben sie ihr Statement.
In der zweiten Phase drehen die Gruppen das Placemat im Uhrzeigersinn so, dass nacheinander alle die schriftlichen Positionen der anderen lesen und ggf. ihren Kommentar dazuschreiben können. Beim letzten Drehen des Placemats liegt das Plakat wieder so, dass jeder vor seinem Feld sitzt. Erst in der sich nun anschließenden dritten Phase kommt es zum mündlichen Austausch, indem die Schüler auf die schriftlichen Kommentare reagieren und alle gemeinsam diskutieren und entscheiden, welche Gruppenposition schlussendlich im Feld in der Mitte fixiert werden soll.

**Weitere Hinweise**

- Gerade beim Sammeln von Voreinstellungen zu historisch sich wandelnden Kategorien („soziale Gerechtigkeit", „gerechte Strafe" etc.) können Placemat-Aktivitäten das Begriffsverständnis aus Schülersicht verdeutlichen. Gegenüber dem Brainstorming (vgl. Tipp 3.1) sind Ergebnisse in Form von Placemats leicht zu sichern. Außerdem können einzelne, aber wertvolle Schülerpositionen aufgegriffen werden, selbst wenn das Gruppenstatement sie vernachlässigt.
- Auch für die Werturteilsbildung sind Placemats hilfreich, da hierbei alle Schülerurteile bestehen bleiben und Minderheitsvoten aufgehoben werden.
- Bei Gruppengrößen von fünf oder sechs wäre das Placemat im Außenrand entsprechend häufiger zu teilen.

## 5.6 Inputreferate

5–10 Minuten

Klasse 8–12

keines (bei Bedarf kann ein Handout eingefordert werden)

### Beschreibung

Für viele Unterrichtsthemen ist es hilfreich, wenn wichtige Sachgegenstände für das Thema, relevante Orte oder Personen der Lerngruppe vorgestellt werden. Klassisch geschieht dies durch Lehrervorträge – hier bieten sich aber auch für Schüler gute Gelegenheiten, mit einer überschaubaren und durch die häusliche Vorbereitung sicher zu gestaltenden mündlichen Situation umzugehen.

### Durchführung

Vor einer Unterrichtseinheit (oder vor einem konkreten neuen Lernschritt) werden von Lehrerseite wichtige Sachverhalte (Fachbegriffe, Ereignisse etc.), Orte und/oder Personen zur Auswahl gestellt, für die Schüler Inputreferate gestalten können. Dabei dienen diese in erster Linie der Bereitstellung von Kontextwissen, möglich ist aber auch, dass Schüler schon Vorausurteile zur Themenstellung des Unterrichts in die Inputreferate integrieren.
Vor dem Lernprozess, in dem die zur Auswahl gestellten Sachverhalte, Orte oder Personen eine wesentliche Rolle spielen, informiert der Schüler die Lerngruppe und stellt sich den Rückfragen, die mit den Inputinformationen zu tun haben. Wichtig ist an dieser Stelle, dass alle weitergehenden Fragen abgewiesen werden sollten (ggf. auch von der Lehrkraft), da sonst die Funktion des Inputreferates überdehnt und zugleich der Verlauf des Lernprozesses womöglich unterlaufen wird: Die Funktion des Inputreferates ist eben nicht, eine umfassende Erörterung eines Sachverhaltes zu liefern. Das muss immer präsent sein.
Die Beurteilung des Inputs sollte in die mündliche Notengebung als Bestandteil einfließen und nur vom Lehrer vorgenommen werden (vgl. Tipp 2.2); es kann aber auch die Lerngruppe bei der Bewertung des Inputs Einfluss nehmen (vgl. Tipp 2.5). Wird für das Inputreferat ein schriftliches Handout gefordert, lässt sich die Leistung stärker nachvollziehen (auch im Hinblick auf die Eigenständigkeit), allerdings steigen damit auch die Anforderungen an den Input und zugleich die Hemmschwellen für Schüler, sich für Inputreferate selbstbestimmt zu entscheiden.

### Weitere Hinweise

- Eine strikte Vorgabe von Zeit und Umfang für ein Inputreferat ist äußerst ratsam: In Zeiten digital leicht verfügbarer Informationen ist es ohne klare Rahmenbedingungen mehr als wahrscheinlich, dass der Input eine Fülle von Detailinformationen liefert, ohne dass diese strukturiert sind. Auch die Eigenständigkeit wird erst tatsächlich eingefordert, wenn die Aufgabenstellung ein Filtern der Informationen und eine Schwerpunktsetzung erfordert.
- Aus dem genannten Grund ist es auch bei Inputreferaten empfehlenswert, eine leitende Themenfrage (vgl. Tipp 2.6, 3.12, 4.8, 5.4) zu formulieren. Dann wissen Schüler in jedem Falle, worum es im Lernprozess gehen soll, und sie können entscheiden, welche Kontextinformationen dafür relevant sind.

## 5.7 Teamwork

15–30 Minuten (je nach Anforderung an die Teamarbeit)

Klasse 5–10

Teamfunktionen für die Gruppenarbeit (s. Anhang, S. 69)

**Beschreibung**

Eine funktionale Arbeitsteilung innerhalb von Gruppenprozessen erhöht nicht nur die Effizienz des Arbeitens, sondern hilft auch Schülern, die weniger zu mündlicher Beteiligung neigen, sich aktiv und konstruktiv in den Arbeitsprozess einzubringen. Durch einen Wechsel von Gruppenfunktionen wird es zudem möglich, verschiedene Rollen in arbeitsteiligen Teamprozessen einzunehmen. So werden für Schüler verschiedene Entfaltungsmöglichkeiten bereitgestellt. Gerade in der Sekundarstufe I ist es kaum selbstverständlich, dass sich Schüler in Teamarbeitsprozessen sinnvoll ergänzen, Verantwortlichkeiten absprechen und diese dann auch umsetzen. Daher empfiehlt es sich, Funktionen explizit zu benennen und diese in Gruppenarbeitsprozessen zu verteilen.

**Durchführung**

Grundsätzlich gibt es fünf übergeordnete Funktionen in einer Gruppenarbeit:
einen Gesprächsleiter, einen Fahrplanwächter, einen Regelbeobachter, einen Zeitmanager und einen Präsentator. Alle haben je eine spezifische Funktion während der Gruppenarbeit wahrzunehmen, sind aber darüber hinaus zu inhaltlicher Mitarbeit verpflichtet. Dass dies in der einen oder anderen Situation hinter der spezifischen Teamaufgabe zurücktritt, liegt in der Natur der Dinge (und ist auch gewollt, damit sich alle – unabhängig von ihrem Durchsetzungsvermögen – innerhalb des Teamprozesses einbringen). Allerdings sind gerade die Gesprächsleiter dafür verantwortlich, dass sich alle entsprechend ihrer Möglichkeiten auch inhaltlich an der Erstellung des Lernproduktes beteiligen.
Die aus der Vergabe von Funktionen resultierenden Verantwortlichkeiten innerhalb eines Teams sind nicht als ausschließende Zuweisungen zu verstehen: So können sich Schüler auch in anderen Funktionen äußern (z. B. wenn der Zeitplan vom zuständigen Wächter aus den Augen verloren wird), ohne dadurch allerdings die Funktion zu übernehmen. Die Zuordnung ist idealtypisch zu verstehen, denn kooperative Prozesse sind immer nur so gut, wie die einzelnen Mitwirkenden zum Gelingen beitragen und sich verantwortlich fühlen.

**Beispiel**

→ Anhang, S. 69 (Vorlage): Teamfunktionen für die Gruppenarbeit

**Weitere Hinweise**

- Das in der Kopiervorlage vorgeschlagene Raster kann zur Übersicht dienen, wer an welchem Tag welche Funktionen ausgeübt hat. So ist ein Überblick möglich, ob sich bestimmte Schüler in gewissen Funktionen überdurchschnittlich oft betätigen und daher einmal andere Funktionen wahrnehmen sollten.
- Die Icons können auch allein mit den Beschreibungen der Funktionen in die Gruppenarbeit gegeben und dann von den Teammitgliedern selbst verteilt werden.

- Die Gruppenfunktionen können auch ohne Protokollbogen oder Merkhilfen für die Lerngruppe beschrieben und dann in den Gruppen selbstständig verteilt werden. Die Verbindlichkeit ist dann weniger ausgeprägt, dafür sind die Flexibilität und Eigenständigkeit der Schüleraktivitäten höher.

## 5.8 Teampräsentationen

### Beschreibung

Werden Lernprodukte nach Gruppenarbeiten präsentiert, gibt es oft eine Asymmetrie von sehr aktiv Präsentierenden und eher inaktiven Teammitgliedern. Durch die Verteilung von konkreten Funktionen für das Präsentieren, die in der Gruppe verteilt und gezielt vorbereitet werden, können alle am Gruppenprozess Beteiligten auch während der Präsentationsphase definierte und relevante Aufgaben erfüllen.

### Durchführung

Die Anforderung, Präsentationen nach Teamprozessen aufzuteilen (was auch bedeutet, dass nicht alle Teammitglieder präsentieren müssen), ist bereits während der Arbeitsphase transparent zu machen. Dabei ist eine Aufteilung nach Sinnabschnitten eines Lernproduktes (Unterpunkten auf einer Folie/einem Plakat) möglich, aber auch funktionale Arbeitsteilungen bieten sich an und geben mehr binnendifferenzierenden Spielraum.
So kann prinzipiell zwischen der verbalen und der darstellenden Präsentation unterschieden werden, indem ein Schüler (ggf. auch mehrere arbeitsteilig) den Inhalt des Lernproduktes erläutern und ein Schüler auf die relevanten Teile des Lernproduktes verweist. Weiter ausdifferenzieren lassen sich die verbalen Funktionen in einen „Darsteller“ (übersichtlicher Vortrag), einen „Erklärer“ (erläuternde Kontextinformationen), einen „Nachfrager“ (Verständnisfragen ans Publikum) oder einen „Weiterdenker“ (Verweis auf weiterführende Gedanken).
Je nach Art des Lernproduktes lassen sich auch Experten für szenische oder grafische Elemente ausdifferenzieren. Ebenso ist vorstellbar, dass sich Teams anhand von bekannten Präsentationsfunktionen eine eigene Einteilung überlegen. So oder so sollte das Einüben von funktionalen Aufteilungen in Präsentationsphasen nach und nach dazu führen, dass alle am Präsentationsprozess Beteiligten auch abgegrenzte und definierte Aufgaben wahrnehmen.

### Weitere Hinweise

- Die funktionale Aufgabenteilung für die Präsentation kann in das Teamwork integriert werden (vgl. Tipp 5.7 und Vorlage, S. 69).

# 6 Unterschiedlichen Lerntypen gerecht werden

## 6.1 Lehrerchecker

5–10 Minuten (vorrangig am Ende von Lernprozessen)

Klasse 7–12

keines

### Beschreibung

Durch eine gezielte Evaluation von Lehrertätigkeiten aus der Schülerperspektive können Feedbackprozesse zur Verständlichkeit von Arbeitsaufträgen, zur Klarheit von Impulsen oder zur Eignung von eingesetzten Materialien gefördert werden. So geraten Fähigkeiten der reflektierten Wahrnehmung verstärkt in den Blick und geben Raum für Schüler, deren Stärken eher auf diesem als auf anderen Feldern der Beteiligung liegen.

### Durchführung

Die Funktion des Lehrerchecks als Unterstützung für eine Feedbackkultur zwischen Lernenden und Lehrenden wird den Schülern erläutert: Ein Schüler (ggf. auch mehrere) prüft während eines Lernprozesses die Lehrersteuerung durch Materialien, Arbeitsaufträge und Impulse. Wahlweise kann es auch arbeitsteilig verantwortliche Lehrerchecker geben („Check Arbeitsaufträge", „Check Arbeitsmaterialien", „Check Gesprächsführung"). Auch eine Evaluation der Würdigung von Schülerleistungen ist möglich („Check Lehrerfeedback"), wobei dies allerdings schnell in die Domäne der Notengebung führt (vgl. dazu das gesamte Kapitel 2).
Während eines definierten Zeitraums, der sich am besten auf einen inhaltlich zusammenhängenden Lernprozess bezieht, prüft der Lehrerchecker das Handeln der Lehrkraft nach den benannten Ebenen. Dabei sollte er sich Notizen mit Datumsangabe machen, um bei der Reflexion im Rahmen der Lerngruppe auf konkrete Belege verweisen zu können.
Das Feedback gegenüber der Lehrkraft erfolgt mit der gesamten Lerngruppe, die dadurch eventuell abweichende Einschätzungen äußern kann. Auch eine separate Auswertung zwischen Lehrercheckern und Lehrern lässt sich denken, hat aber bezüglich der Transparenz deutliche Nachteile. Zudem kann im Kontext der Lerngruppe vermieden werden, dass der Feedbackprozess als „Benotung der Lehrkraft" missverstanden wird (und die Lehrerchecker sich zurückhalten, da sie individuelle Nachteile befürchten). Die Etablierung einer offenen Feedbackkultur (hier in Bezug auf das Lehrerhandeln) dient dem gemeinsamen Ziel einer verbesserten Interaktion für erfolgreiches Lernen. Dies muss allen klar sein.

### Weitere Hinweise

- Die Funktion des Lehrercheckers kann bereits in der Offenlegung der Bewertungsgrundlagen (vgl. Tipp 2.1 und 2.2) aufgezeigt werden.
- Auch können Lehrerchecker in die in Kapitel 2 umrissenen Möglichkeiten des Schülerfeedbacks sowie der gemeinsamen Qualitätsentwicklung von Unterricht (vgl. Tipp 2.3 und 2.4) integriert werden.

## 6.2 Treppenhausmethode

5–15 Minuten (vorrangig am Ende von Lernprozessen)

Klasse 5–10

Karteikarten, Zusammenstellungen von Ereignissen zu einem Themengebiet (im Hefter oder mittels Zeitleisten, wenn die Datierungen dort entfernt werden können)

### Beschreibung

Treppen in und auf dem Schulgelände können durch ihre stufenförmige Auf- und Abwärtsorientierung zur Abbildung der Hierarchie von Ereignissen (Personen/Orten) genutzt werden. Besonders Schülern mit visuell ausgeprägten Lernstrukturen kann das anschauliche Ordnen helfen, historisches Wissen zu verankern und zu vernetzen.

### Durchführung

Zu einem Themenfeld sammeln die Schüler wichtige Ereignisse und halten diese auf Karteikarten fest. Dann bilden sie Gruppen von derjenigen Größe, die den gesammelten Ereignissen auf den Karteikarten entspricht.
Nun beginnt die Treppenhausmethode im Treppenhaus der Schule: Ein Schüler der Gruppe (der „Treppenregisseur") ordnet die Ereignisse so, dass die Träger der Karteikarten (inklusive dem Regisseur selbst) von unten nach oben die chronologisch aufsteigende Abfolge der Ereignisse abbilden. Dies muss durch Verweise auf die gegenseitige Bedingtheit der Ereignisse bzw. durch Rückgriff auf andere Kontexte begründet werden.
Alternativ können sich alle Schüler an der chronologischen Ordnung beteiligen, indem sie die Karteikarten untereinander lesen und „ihre" Vorgänger bzw. Nachfolger begründet wählen.
Die fertige Treppenhausordnung mündet in eine gemeinsame Narration: Von unten nach oben wird die „abgebildete Geschichte" erzählt.
Eine strukturelle Variante ist die Über- bzw. Unterordnung von Ereignissen zu einer Themenfrage. Sollen die Schüler die Frage „Die NS-Gleichschaltung – unaufhaltsam nach 1933?" beurteilen, so können sie die Urteilsbildung vorbereiten, indem sie die aus ihrer Sicht wichtigsten Kontextargumente pro bzw. kontra auf die höchste Stufe stellen und die am wenigsten gewichtigen nach ganz unten. Dies wird ebenso diskursiv ausfallen wie die Frage, ob andere als die auf Karteikarten gesammelten Argumente noch fehlen und wie die wohl zu gewichten wären. Entscheidend ist hier nicht ein fixes Ergebnis, sondern der Austausch unter den Schülern, bei dem sie auf optische und motorische Verstärkungen im Sachlernen zurückgreifen können.

### Beispiele

- Zeit des Nationalsozialismus (zum Aufstieg der NSDAP in der späten Weimarer Republik, der Gleichschaltung, der Kriegsvorbereitung etc.)
- Die NS-Gleichschaltung – unaufhaltsam nach 1933?

### Weitere Hinweise

- Die Auslagerung von Unterricht kann zu organisatorischen Problemen oder auch zu Bedenken in Bezug auf entstehenden Lärm führen. Eine Anpassung der Treppenhausmethode ist im Klassenzimmer möglich, indem die horizontale Ausrichtung von links nach rechts (ggf. durch einen Zeitstrahl an der Tafel oder mit Malerkrepp auf dem Boden verstärkt) für die chronologische oder wirkungsbezogene Anordnung genutzt wird.

## 6.3 Fünf-Finger-Methode

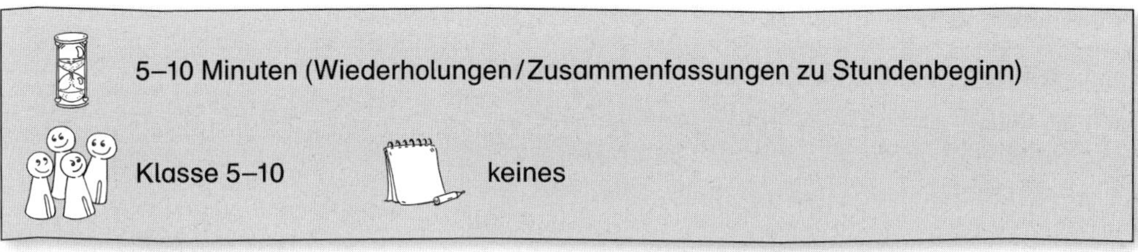


### Beschreibung

Zusammenfassungen zu Stundenbeginn werden von Schülern meist nicht strukturiert und schwerpunktbezogen vorgenommen. Die Orientierung an fünf Kriterien, die jeweils mit einem Finger der Hand verknüpft werden, kann dabei helfen, geordnet Sachverhalte zu wiederholen und offene Fragen zu artikulieren. Zugleich können Schüler ihre Vorbereitungen auf schriftliche Leistungskontrollen oder andere Prüfungsformen zielgerichtet vornehmen.

### Durchführung

Um eine strukturierte Wiederholung von bereits Gelerntem zu unterstützen, können die fünf Finger der Hand zu Hilfe genommen werden. Was auf den ersten Blick wie ein Verfahren der Grundschule anmutet, ist gerade für haptisch oder visuell orientierte Schüler auch in der Sekundarstufe ein geeignetes Mittel.
Die Funktionen der einzelnen Finger sind in diesem Kasten erläutert:

| Thema? | Inhalt(e)? | Methode(n)? | Ergebnis(se)? | Frage(n)? |
|---|---|---|---|---|
| □ Wie lautete unsere leitende Fragestellung?<br>□ Was war mit dieser Frage gemeint? | □ Welche Quellen haben wir bearbeitet?<br>□ Waren Darstellungen Bestandteil unserer Arbeit? | □ Welche Medien und (fachspezifischen/ fachübergreifenden) Methoden haben wir genutzt? | □ Welche fachlichen Erkenntnisse haben wir gewonnen?<br>□ Gab es übergreifende Erkenntnisse? | □ Welche weiteren Fragen (ggf. Probleme) haben sich ergeben?<br>□ Beinhaltete dies auch methodische Fragen? |

Dabei ist es nicht entscheidend, dass hier eine feste Reihenfolge aktiviert wird: Bei manchen Lernprozessen wird ein bestimmtes Medium (Film/historisches Spiel) eine so wichtige Rolle spielen, dass dies von den Schülern zuerst erinnert und in seiner Bedeutung herausgestellt wird. Wichtig ist nur, dass Schüler bei dieser Wahrnehmung nicht stehen bleiben, sondern die Medienwahl in den Kontext von Inhalten, Ergebnissen und weiterführenden Fragen unter der leitenden Themenfrage stellen.

### Weitere Hinweise

- Werden Zusammenfassungen in dieser Art strukturiert durchgeführt, sind auch zielgerichtete Diskurse darüber möglich: Ohne dass ein Schüler zu allen Aspekten seine eigene Wahrnehmung schildern muss, kann er gezielt ausdrücken, dass beispielsweise seine Erinnerung an die genutzten Methoden und/oder die gewonnenen Erkenntnisse etc. abweichen.

## 6.4 Plakate gestalten

20–60 Minuten (je nach Umfang, Komplexität und Gestaltungsaufwand)

ab Klasse 5

große Papierbögen (Packpapier/Flipcharts), Stifte, Bildelemente

**Beschreibung**

Plakate können durch die Zusammenstellung von Text- und Bildelementen historische Sachverhalte in einer anderen Art ausdrücken, als dies in kontinuierlichen (mündlichen oder schriftlichen) Narrationen geschieht. Gerade durch den Einsatz grafischer Gestaltungsmittel können hier Schüler mit visuell ausgeprägten Lernstrategien ihre Stärken einbringen. Dies setzt voraus, dass ihnen Möglichkeiten zur Gestaltung (medial und zeitlich) zur Verfügung stehen.

**Durchführung**

Mittels Plakaten zu historischen Sachverhalten und unter leitenden historischen Fragestellungen können Schüler ihr erworbenes Wissen visuell anschaulich darstellen. Ausgangspunkt ist daher eine definierte Aufgabenstellung, in der die Schüler nicht nur inhaltliche Orientierung, sondern auch konkrete methodische Anforderungen erhalten (ggf. ergänzt durch methodische Hilfestellungen zu Form und Gestaltungsmöglichkeiten von Plakaten).

Von einer solchen Aufgabenstellung ausgehend nutzen Schüler (allein/in Partner- oder Gruppenarbeit) die Möglichkeiten, die sich aufgrund der erhobenen Informationen und der zur Verfügung stehenden visuellen Gestaltungselemente ergeben, um die Aussage ihres Lernproduktes zu verstärken. Sie sollen Text- und Bildelemente so anordnen, dass Über- bzw. Unterordnungen, Bezugnahmen durch Pfeile oder Betonungen mittels Symbolen oder Satzzeichen deutlich werden.

Sind Schüler in der Gestaltung von Plakaten versiert, werden sie auch komplexere Mittel der Visualisierung (Bildfolgen, Flussdiagramme, Schaubilder o. Ä.) in ihre Plakaterstellung integrieren. Der damit einhergehende höhere Zeitaufwand erscheint gerechtfertigt, wenn die Gestaltung ebenfalls einer Reflexion unterzogen und so die Methodenkompetenz über den Sachgegenstand hinaus gefördert wird.

**Beispiele**

- Plakate der Weimarer Republik: Gerade bei historischen Sachverhalten, in denen Plakate eine eminente Rolle spielten, sind eigenständige Plakatgestaltungen empfehlenswert: So können Schüler aufgrund von Informationen über die Parteien der Weimarer Republik Plakate für diese gestalten, die Gestaltung begründen und ihre Plakate mit authentischen aus dieser Epoche auf Gemeinsamkeiten bzw. Unterschiede vergleichen.
- Optimaten und Popularen in der römischen Republik
- Gruppierungen 1848 in der Frankfurter Paulskirche

- Anwenden lassen sich die oben dargelegten Grundsätze auch auf das Medium der Flugschrift, z. B. im Kontext der Renaissance, der Reformation und des Dreißigjährigen Krieges.

**Weitere Hinweise**

- Da Gestaltungsmittel (farbige dicke Stifte, Bilder zum Ausschneiden, Schere und Klebstoff …) zur Plakaterstellung notwendig sind, müssen jene von den Schülern mitgebracht oder von der Lehrkraft zur Verfügung gestellt werden.

## 6.5 Historisches Standbild

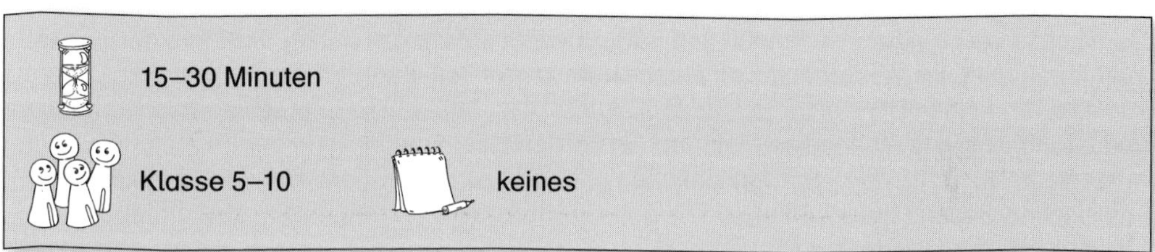


**Beschreibung**

In Standbildern drücken die Schüler ihr Verständnis von Personenkonstellationen in historischen Situationen aus. Dabei stellen sie eine Auswahl von historischen Akteuren so zusammen, dass diese durch ihre Mimik, Gestik sowie räumliche Anordnung ein figurales Ganzes ergeben, welches Aktionen und Folgen in der historischen Situation in einem Bild ausdrückt. In der Begründung des Standbildes und der Reflexion über dessen Aussagekraft diskutieren die Schüler ihre Deutungen zum Sachverhalt.

**Durchführung**

Die Methode wird von einem Regisseur angeleitet, der für einen historischen Sachverhalt unter einer leitenden Fragestellung (vgl. Tipp 2.6, 3.12, 4.8) die relevanten historischen Akteure als Rollen an ausgewählte Schüler der Lerngruppe vergibt. Anschließend gruppiert er diese und weist ihnen Mimik sowie Gestik zu, damit seine Deutung zur Fragestellung im Standbild veranschaulicht wird.
Ist das Standbild erbaut, wird es „eingefroren" (ca. 5 Sekunden bleiben alle Darsteller in der ihnen zugewiesenen Pose erstarrt), ggf. wird es fotografiert, um später zur Verfügung zu stehen. Nun begründet der Regisseur seine Gestaltung und das damit zum Ausdruck kommende Urteil. Die Lerngruppe stellt Verständnisfragen und äußert sich anschließend zur Deutlichkeit des Dargestellten: Wo stimmen sie dem Regisseur in seiner Deutung zu, wo weichen sie ab? Wie würden sie das Standbild – in Details oder insgesamt – ändern?

**Beispiele**

- Personenkonstellation um Reichspräsident Hindenburg
- Triumvirate der späten römischen Republik
- Das mittelalterliche Ständesystem

**Weitere Hinweise**

- Wird das Standbild durch ein Foto gesichert, lassen sich Abwandlungen auch an späterer Stelle diskutieren: Haben wir durch unsere zusätzlich gewonnenen Erkenntnisse nun begründeten Anlass, das Standbild abzuändern? Was sollte oder müsste geändert werden?

## 6.6 Comicplots

15–45 Minuten (je nach Umfang, Komplexität und Gestaltungsaufwand)

ab Klasse 5

ggf. Vorlagen aus fachdidaktischer Literatur

### Beschreibung

Comicplots als strukturierte Folgen von Bild- und Textelementen helfen Schülern mit visuellen Lernstärken, ihr Verständnis von Geschichte in grafisch unterstützten Narrationen darzustellen und diese Darstellungen einer Diskussion zu öffnen. Die Diskussion über Comics und Graphic Novels als Medien historischen Lernens ist mittlerweile in der Fachdidaktik breit aufgestellt. Die Reflexion von Möglichkeiten und Grenzen von Comicplots im Vergleich zur klassischen Geschichtserzählung eröffnet besondere Gelegenheiten zum Diskurs über Geschichte als selektive Rekonstruktion.

### Durchführung

Ausgehend von einem Beispiel erhalten die Schüler die Aufgabe, einen historischen Sachverhalt so in eine Bildfolge mit Textelementen zu bringen, dass ihre Deutung des Sachverhalts anschaulich wird. Dabei ist zeichnerische Perfektion nicht entscheidend, vielmehr geht es darum, Personen oder Orte auszuwählen, durch die Anordnung in Vorder-, Mittel- und Hintergrund bzw. die ergänzenden Textbausteine (Untertitel, Sprech- und Geräuschblasen) narrative Strukturen zu erzeugen, die von den Mitschülern entschlüsselt werden müssen. Dies kann durch symbolische Vereinfachungen und abstrakte Typisierungen ebenso geschehen wie durch naturalistische Darstellungen – wichtig ist die grafische Umsetzung einer Deutungsabsicht.

Die Auswertung der Comicplots erfolgt zuerst in Kleingruppen (die auf dem gleichen Wissensstand zum Sachgegenstand sind): Sowohl auf der Sachebene (wie plausibel reagiert die Darstellung auf die historische Fragestellung, ist die Positionierung gerechtfertigt …?) als auch bezüglich der Methodik (sind Bildelemente, Farbgebung etc. sinnvoll gewählt?) beurteilen die Schüler die Comicplots. In der Lerngruppe insgesamt wird dann die Frage verfolgt, ob sich Fließtextnarrationen von Graphic Novels unterscheiden, ob ein Medium passender ist etc.

### Beispiele

- Die Begegnung unterschiedlicher Kulturen, Traditionen und Werte lässt sich sehr anschaulich durch Comicplots darstellen, etwa beim Zusammentreffen von Kolumbus und indigener Bevölkerung auf Hispaniola.
- Historische Fragen im Kontext der Wiedervereinigung können für die Lebenswelt konkretisiert werden.

### Weitere Hinweise

- Schüler sollten explizit die Möglichkeit erhalten, eigene Lektüren vorzustellen und mit der Lerngruppe zu reflektieren.

## 6.7 Zeitung

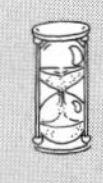

20–90 Minuten (je nach Menge der ausgelagerten Vorbereitung)

ab Klasse 5

ggf. Zeitungsbeispiel (für die Veranschaulichung der Textsorten)

### Beschreibung

Zeitungen integrieren eine Vielzahl an journalistischen Darstellungsformen wie Nachrichten, Kommentare, Reportagen, Karikaturen etc. Indem Schüler diese Darstellungsformen nutzen, um Aspekte eines historischen Sachverhaltes wiederzugeben, erzeugen sie ein komplexes Bild ihrer historischen Rekonstruktion. So lassen sich unterschiedliche Stärken von Schülern (Textproduktion/grafische Gestaltung) in ein gemeinsames Lernprodukt einbinden.

### Durchführung

Eine journalistische Darstellungsform wurde bereits mit dem Feature als Methode komplexer historischer Rekonstruktion beschrieben (vgl. Tipp 3.12). Da Zeitungen über weitere, größtenteils beschreibende (bspw. Nachricht, Bericht) oder kommentierende (Rezension, Glosse, Kommentar) Textsorten verfügen und zudem Bildmedien (Fotos, Karikaturen, Statistiken, Karten) integrieren, ermöglicht dies vielen Schülern eine Beteiligung gemäß eigener Stärken. Ausgehend vom Beispiel einer Zeitung entscheiden die Schüler, welche Textsorten und Bildelemente aufgrund der historischen Fragestellung (bzw. gemäß dem historischen Sachverhalt) umgesetzt werden können und sollen. Dann suchen sich die Schüler die Beiträge aus (je nach Interessen und Fähigkeiten) und erstellen gemeinsam die Zeitung als Lernprodukt. Diese Zeitung kann als Unikat bestehen bleiben oder als Kopiervorlage für alle dienen.
In der Präsentation (z. B. innerhalb eines Gruppenpuzzles oder als Präsentation vor der Klasse) erläutern die Schüler ihre Auswahlgründe sowie die inhaltliche Ausrichtung ihrer Zeitung. Damit erhalten alle anderen Schüler die Möglichkeit, empirische, narrative und normative Triftigkeit (vgl. Tipp 2.6 und 2.7) des Dargestellten zu untersuchen und den Zeitungsautoren sowie -redakteuren Feedback zu geben.

### Beispiele

- Phasen der Französischen Revolution: in Nachrichten zu Ereignissen und Orten, in Steckbriefen zu Personen, in Statistiken oder Karikaturen zu Strukturen, in Kommentaren zur Beurteilung
- Wird der Zeitung eine historische Fragestellung zugrunde gelegt (vgl. Tipp 2.6, 3.12, 4.8), sind noch mehr journalistische Darstellungsformen nutzbar (Kontroverse, Feuilleton, Kritik, Rezension etc.).

## 6.8 Hörspiel

60–120 Minuten (je nach Menge der ausgelagerten Vorbereitung)

Klasse 8–12

Technik zur Audioerstellung (Smartphone, Tablet, Diktiergerät o. Ä.)

### Beschreibung

Durch Hörspiele werden historische Narrationen um eine klangliche Komponente ergänzt: Durch den gezielten Einsatz von Geräuschen, Musik oder akustischen Effekten, die dem Text hinzugefügt werden, drücken Schüler ihr Verständnis von historischem Geschehen auf einer anderen Ebene aus. So wird es möglich, auch auditive Lerntypen konkret einzubinden bzw. in der Reflexion anzusprechen.

Mit dem Feature (s. Tipp 3.12) wurde bereits eine Medienvariante beschrieben, die im Hörfunk breite Anwendung findet. Aber auch stärker linear strukturierte Formen des Hörspiels (die chronologische Entfaltung eines Sachverhalts/der Werdegang einer historischen Person usw.) können als Ausgangspunkte für die Gestaltung der Schüler dienen.

### Durchführung

In jedem Falle sollten Beispiele am Anfang der eigenen methodischen Bearbeitung stehen, da Schüler in der Regel nicht mehr regelmäßige Radiohörer sind. Nach einer solchen Anregung konzipieren die Schüler eigene Hörspiele zu einem historischen Sachverhalt. Dazu erstellen sie zuerst ein Storyboard, in welchem festgehalten wird, über welche Hörspielszenen (Sinnabschnitte) hinweg das Fazit entwickelt wird und welche Darstellungsformen (Kommentar, Interview …) bzw. Gestaltungselemente (Musik, Geräusche …) genutzt werden. In Kleingruppen erstellen die Schüler solch ein Storyboard in Form eines Flussdiagramms: Wie heißt die Szene? Was wird in ihr gesagt?

Die Reflexion der Hörspiele erfolgt wieder nach Triftigkeitskriterien (vgl. Tipp 2.6, 2.7) sowie Sinnhaftigkeit eingesetzter akustischer Effekte.

### Beispiel

- „Goldene 20er Jahre?" wäre der Titel eines Hörspiels mit Musik, Literaturauszügen und Kommentaren zur Zeit.

### Weitere Hinweise

- Die Hörspielgestaltung muss teilweise außerhalb des Unterrichts geleistet werden, da der zeitliche Aufwand sonst die Unterrichtszeit sprengt. Allerdings widmen Schüler erfahrungsgemäß dem Umsetzen einer Hörspielidee gern außerschulische Arbeitszeit.
- Für nicht wenige Schüler bietet sich hier zugleich die Chance, eigene technische Ausrüstungen zu nutzen und außerschulische Fähigkeiten einbringen zu können. Technische Engpässe an Schulen können so kompensiert werden: Wer sich in der Freizeit mit Musik oder Film beschäftigt, wird Hard- und Softwaremöglichkeiten haben, über die viele öffentliche Schulen nicht verfügen.
- Gelungene Hörspiele sind bestens geeignet, über den Unterricht hinaus der Schulöffentlichkeit präsentiert zu werden. So lässt sich über Hörspiele ein breiterer Hörerkreis für historische Sachverhalte interessieren.

## 6.9 Historische Rollenspiele

10–30 Minuten (je nach Umfang des Spiels)

Klasse 5–10

Rollenkarten, ggf. Requisiten für die Darsteller

### Beschreibung

Spielszenen historischer Abläufe können Sachverhalte für Schüler anschaulich und über einen weiteren Lernkanal erfahrbar machen. Dafür müssen Schüler die historischen Akteure in einem solchen Rollenspiel möglichst umfassend kennen (Rolleninformationen), die Situationen des Spiels durchdringen (Kontextualisierung) und feste Standortbedingungen zu offenen Optionen ins Verhältnis setzen. Bei historischen Rollenspielen kommt der historisch stimmigen Einordnung des Spiels genauso viel Bedeutung zu wie der Reflexion des Erkenntniswerts durch das Spiel.

### Durchführung

Besonders in der Sekundarstufe I können Schüler historische Sachverhalte und deren Folgen durch szenisches Spiel besser begreifen: Wird die Lehnsvergabe zwischen Lehnsherren und Vasallen nachgestellt, so lässt sich die Bedeutung des personalen Elementes im Rechtsakt leichter verstehen als durch einen Lehrbuchtext.

Erste Voraussetzung für gelungene historische Rollenspiele ist die Bereitstellung von aussagekräftigen Rollenkarten (ggf. sind diese durch die Schüler selbst zu recherchieren). Um einer einfachen Übertragung von heutigem Alltagsverständnis in andere Zeiten vorzubeugen, müssen Schüler über die damaligen Konventionen und Handlungsmöglichkeiten informiert sein, in die sie hineinversetzt werden. Ebenso müssen sie die historische Situation in ihrer historisch überlieferten Form kennen, um formelle oder rituelle Bedingtheiten einzuhalten und Spielräume im Szenischen nur so weit auszuschöpfen, wie dies (wohl) den historischen Perspektiven möglich gewesen wäre.

Die Reflexion erfolgt auf zwei Ebenen, der sach- und der methodenbezogenen: War das historische Rollenspiel den verfügbaren Informationen entsprechend? Wurde durch das Spiel deutlich, welche historische Wirkung das Inszenierte entfaltete? Konnte das Spiel besser (anders/vertiefter) als ein Text vermitteln, was hier historisch geschah?

### Beispiel

- Mittelalterliche Lehnsvergabe
- Wartburg- oder Hambacher Fest im Vormärz
- Reichstag zu Worms 1521

### Weitere Hinweise

- Perspektivübernahmen von Massenmördern oder anderen moralisch problematischen Rollen sind auszuschließen (vgl. Tipp 4.3).
- Gerade die historische Situierung ist oft eine große Herausforderung: So wird der Reichstag zu Worms 1521 gern gespielt, oftmals aber ohne eine Durchdringung, was die beteiligten Akteure in einem Reichstag eigentlich durften. Das spricht nicht gegen ein solches Spiel, sondern für eine sorgfältige Vor- und auch Nachbereitung.

# Kopiervorlagen

## Rückmeldung zur mündlichen Benotung im Fach Geschichte 1

| Bewertung der mündlichen Leistung im Fach Geschichte | | | | | |
|---|---|---|---|---|---|
| Schuljahr: | | Fähigkeit zum Ermitteln von historischen Informationen | Fähigkeit zum Verbinden zu Geschichtserzählungen | Neigung zur Kommunikation | Neigung zur Kooperation |
| Klasse/Kurs: | | O – sehr sicher, vernetzt und selbstständig<br>O – überwiegend sicher, vernetzt, selbstständig<br>O – nur im Ansatz sicher, vernetzt und selbstständig | O – sehr sicher, vernetzt und selbstständig<br>O – überwiegend sicher, vernetzt, selbstständig<br>O – nur im Ansatz sicher, vernetzt und selbstständig | O – stets aktiv und mit sehr überzeugenden Beiträgen<br>O – überwiegend aktiv und mit angemessenen Beiträgen<br>O – kaum aktiv und mit Defiziten in den Beiträgen | O – stets aktiv und sehr konstruktiv im Team<br>O – überwiegend aktiv und konstruktiv im Team<br>O – kaum aktiv und mit Defiziten in der Teamarbeit |
| Schüler: | | | | | |
| Note/Punkte: | | | | | |
| ggf. Bemerkungen: | | Fähigkeit zum Nutzen historischer Methoden | Fähigkeit zum Fällen historischer Urteile | | |
| | | O – sehr sicher, vernetzt und selbstständig<br>O – überwiegend sicher, vernetzt, selbstständig<br>O – nur im Ansatz sicher, vernetzt und selbstständig | O – sehr sicher, vernetzt und selbstständig<br>O – überwiegend sicher, vernetzt, selbstständig<br>O – nur im Ansatz sicher, vernetzt und selbstständig | | |

## Rückmeldung zur mündlichen Benotung im Fach Geschichte 2

| Bewertung der mündlichen Leistung im Fach Geschichte | | | | | |
|---|---|---|---|---|---|
| Schuljahr: | | Fähigkeit zum Ermitteln von historischen Informationen | Fähigkeit zum Verbinden zu Geschichtserzählungen | Neigung zur Kommunikation | Neigung zur Kooperation |
| Klasse/Kurs: | | | | | |
| Schüler: | | + / o / – | + / o / – | | |
| Note/Punkte: | | | | | |
| ggf. Bemerkungen: | | Fähigkeit zum Nutzen historischer Methoden | Fähigkeit zum Fällen historischer Urteile | + / o / – | + / o / – |
| | | + / o / – | + / o / – | | |

# Handout zur mündlichen Benotung im Fach Geschichte für Lerngruppen

***Wie erfahre ich eigentlich den Stand meiner mündlichen Leistung?***

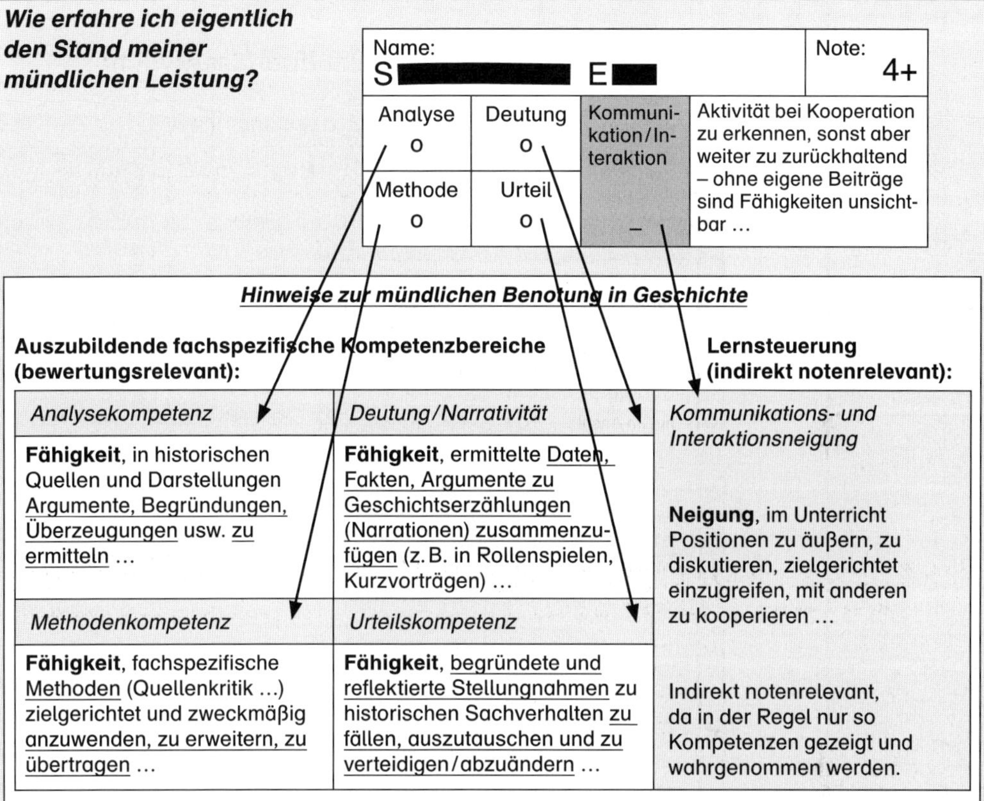

| Name: S▬ E▬ | | | | Note: 4+ |
|---|---|---|---|---|
| Analyse o | Deutung o | Kommunikation/Interaktion – | Aktivität bei Kooperation zu erkennen, sonst aber weiter zu zurückhaltend – ohne eigene Beiträge sind Fähigkeiten unsichtbar … | |
| Methode o | Urteil o | | | |

***Hinweise zur mündlichen Benotung in Geschichte***

**Auszubildende fachspezifische Kompetenzbereiche (bewertungsrelevant):**

**Lernsteuerung (indirekt notenrelevant):**

| *Analysekompetenz* | *Deutung/Narrativität* | *Kommunikations- und Interaktionsneigung* |
|---|---|---|
| **Fähigkeit**, in historischen Quellen und Darstellungen Argumente, Begründungen, Überzeugungen usw. zu ermitteln … | **Fähigkeit**, ermittelte Daten, Fakten, Argumente zu Geschichtserzählungen (Narrationen) zusammenzufügen (z. B. in Rollenspielen, Kurzvorträgen) … | **Neigung**, im Unterricht Positionen zu äußern, zu diskutieren, zielgerichtet einzugreifen, mit anderen zu kooperieren … |
| *Methodenkompetenz* | *Urteilskompetenz* | |
| **Fähigkeit**, fachspezifische Methoden (Quellenkritik …) zielgerichtet und zweckmäßig anzuwenden, zu erweitern, zu übertragen … | **Fähigkeit**, begründete und reflektierte Stellungnahmen zu historischen Sachverhalten zu fällen, auszutauschen und zu verteidigen/abzuändern … | Indirekt notenrelevant, da in der Regel nur so Kompetenzen gezeigt und wahrgenommen werden. |

**Feedback**:

-> Alle vier bis sechs Wochen erhält der Schüler einen „Notenschnipsel“ (s. oben).

-> Die Felder dort weisen folgende Zeichen auf:

„+“ = beobachtete Leistungen entsprechen in besonderem Maße den Standards.
„o“ = beobachtete Leistungen entsprechen zum Teil den Standards/wurden nicht festgestellt.
„–“ = beobachtete Leistungen zeigten Defizite angesichts der Standards.
„o / +“, „o / –“ usw. = kennzeichnen gemischt ausgeprägte Leistungen.

**Kompetenzentwicklung ist ein individueller und fortschreitender Prozess**:

-> Die Benotung der mündlichen Leistung (des Allgemeinen Teils) ist ein Prozess – anfängliche Fehleinschätzungen in der Beobachtung werden korrigiert bzw. Tendenzen berücksichtigt.

-> Eine abweichende Selbsteinschätzung muss mitgeteilt werden. Die Lehrkraft muss hier in der Zukunft genauer beobachten – der Schüler muss seine Qualitäten offenbaren.

-> In der „Kompetenzperformance“ wird erwartet, dass Schüler zunehmend vertieft, selbstständig und übergreifend die Standards des Faches erfüllen.

**Verfahrensregeln beim Feedback der Schüler**:

-> Bitte Rückmeldungen konkret auf die Felder beziehen und dazu dieses Handout hinzuziehen.

-> Rückmeldungen nicht am gleichen Tag geben, sondern erst darüber nachdenken.

# Notenschnipsel mit Kommentarspalte zur mündlichen Benotung

| Fach: Geschichte | | |
|---|---|---|
| Klasse/Kurs: | Schuljahr: | Monat(e): |

| Name | | | | Note |
|---|---|---|---|---|
| Analyse | Deutung | Kommuni-kation/Inter-aktion | | |
| Methode | Urteilen | | | |

| Name | | | | Note |
|---|---|---|---|---|
| Analyse | Deutung | Kommuni-kation/Inter-aktion | | |
| Methode | Urteilen | | | |

| Name | | | | Note |
|---|---|---|---|---|
| Analyse | Deutung | Kommuni-kation/Inter-aktion | | |
| Methode | Urteilen | | | |

| Name | | | | Note |
|---|---|---|---|---|
| Analyse | Deutung | Kommuni-kation/Inter-aktion | | |
| Methode | Urteilen | | | |

| Name | | | | Note |
|---|---|---|---|---|
| Analyse | Deutung | Kommuni-kation/Inter-aktion | | |
| Methode | Urteilen | | | |

| Name | | | | Note |
|---|---|---|---|---|
| Analyse | Deutung | Kommuni-kation/Inter-aktion | | |
| Methode | Urteilen | | | |

| Name | | | | Note |
|---|---|---|---|---|
| Analyse | Deutung | Kommuni-kation/Inter-aktion | | |
| Methode | Urteilen | | | |

| Name | | | | Note |
|---|---|---|---|---|
| Analyse | Deutung | Kommuni-kation/Inter-aktion | | |
| Methode | Urteilen | | | |

| Name | | | | Note |
|---|---|---|---|---|
| Analyse | Deutung | Kommuni-kation/Inter-aktion | | |
| Methode | Urteilen | | | |

# Kompetenzraster zur Selbsteinschätzung mit fünf Niveaustufen

| Kriterium | Stufe 1 | Stufe 2 | Stufe 3 | Stufe 4 | Stufe 5 |
|---|---|---|---|---|---|
| *Aufmerksamkeit und* ***Beteiligung*** | … immer abgelenkt/ andere ablenkend, nicht beteiligt | … oft abgelenkt/ andere ablenkend, kaum beteiligt | … z. T. abgelenkt/ andere ablenkend, teilweise beteiligt | … oft aktiv und am Unterrichtsgespräch beteiligt | … immer aktiv und konstruktiv im Unterrichtsgespräch |
| ***Selbstständigkeit*** *(bei der Aktivität im Unterricht)* | … trotz Aufforderung keine selbstständige Arbeit vorhanden | … nach Aufforderung wird selbstständige Arbeit geleistet | … selbstständige Arbeit wird teilweise geleistet | … selbstständige Arbeit oft und meist sachdienlich vorhanden | … selbstständige Arbeit immer und stets sachdienlich vorhanden |
| ***Kooperation*** *(mit Partnern)* | … immer passiv/ nicht mit anderen zusammenarbeitend | … oft passiv/ kaum mit anderen zusammenarbeitend | … selten aktiv/ nur mit Ausgewählten zusammenarbeitend | … oft aktiv und mit Wechselnden zusammenarbeitend | … immer aktiv und mit allen konstruktiv zusammenarbeitend |
| ***Analysekompetenz*** (historische Informationen in unterschiedlichen Medien sicher erheben) | … relevante Informationen werden nicht erhoben | … relevante Informationen werden im Ansatz erhoben | … relevante Informationen werden teilweise erhoben | … relevante Informationen werden sicher erhoben | … relevante Informationen werden sicher und umfassend erhoben |
| ***Narrativität*** (Informationen zu historischen Darstellungen verbinden) | … keine sinnvollen Darstellungen erkennbar | … sinnvolle Darstellungen im Ansatz erkennbar | … sinnvolle Darstellungen sind teilweise erkennbar | … sinnvolle Darstellungen sind sicher abgeleitet | … sinnvolle Darstellungen sind umfassend begründet |
| ***Methodenkompetenz*** (fachspezifische/fachübergreifende Methoden anwenden) | … Methoden werden trotz Hilfestellung nicht angewandt | … Methoden werden mit Hilfestellung teilweise angewandt | … Methoden werden mit Hilfestellung angewandt | … Methoden werden ohne Hilfestellung sicher angewandt | … Methoden werden sicher und umfassend angewandt |
| ***Urteilskompetenz*** (Sach- und Werturteile zu historischen Sachverhalten fällen) | … begründete Urteile werden nicht gefällt | … Urteile werden ansatzweise begründet | … Urteile werden kriterienbezogen begründet | … Urteile werden kriterien- und perspektivbezogen begründet | … Urteile werden umfassend kriterien-/ perspektivbezogen begründet |
| [ggf. **Note/Punkte** mit Begründung] | | | | | |

## Selbst- und Fremdevaluationen vornehmen

| **SELBST- UND FREMDEVALUATION** | **Thema:**<br><br>**Team:** |
|---|---|

*Bewerte/Bewerten Sie in den Spalten unten die Leistung der heute Präsentierenden (Begründung freigestellt).*
*→ GIB/GEBEN SIE EINE REALISTISCHE LEISTUNGSBEWERTUNG ANHAND DER BEKANNTEN KRITERIEN: 1. Durchgehender Themenbezug; 2. Rückgriff auf historische Daten und Fakten; 3. Klare und begründete Sach-/Werturteilsbildung*

| Name | Name | Name | Name | Name |
|---|---|---|---|---|
| Punkte/Note | Punkte/Note | Punkte/Note | Punkte/Note | Punkte/Note |
| ggf. Begründung | ggf. Begründung | ggf. Begründung | ggf. Begründung | ggf. Begründung |

→ bei Bedarf kann die Rückseite des Selbst- und Fremdevaluationszettels zur ausführlichen Begründung der Bewertungskriterien genutzt werden (Formulierungen hier als Beispiel):

| **SELBST- UND FREMDEVALUATION** | **Thema:**<br><br>**Team:** |
|---|---|

**Bewertungskriterien inhaltlich:**

- ☐ Durchgehender Themenbezug (Leitfrage stets nachvollziehbar verfolgt)
- ☐ Daran ausgerichtete und logisch aufgebaute Gliederung (mit überschaubaren Unterpunkten)
- ☐ Tiefe und Vernetzung in der Argumentation (Umfang und Güte der Quellen sowie der Fachliteratur)
- ☐ Grad der Selbstständigkeit (eigene Schwerpunktsetzungen in Auseinandersetzung mit Forschung)
- ☐ Grad des Urteilsvermögens (Klarheit der Begriffe, Ebenen und Perspektiven)
- ☐ Fachliche Richtigkeit

**Bewertungskriterien formal:**

- ☐ Einhaltung der Regeln der Zitiertechnik
- ☐ Quellenkritisches Vorgehen bei Primärquellen
- ☐ Handout/Thesenpapier oder eine andere mediale Unterstützung

# Unterrichtsevaluation bezogen auf Chancen der mündlichen Mitarbeit

| Bereich: Methoden | trifft zu | trifft eher zu | trifft eher nicht zu | trifft nicht zu |
|---|---|---|---|---|
| Im Unterricht arbeiten wir in unterschiedlichen Sozialformen (z.B. Gruppenarbeit, Partnerarbeit). | | | | |
| Der Unterricht ist so gestaltet, dass wir uns wirksam beteiligen können. | | | | |
| Wir arbeiten mit verschiedenen Lernprodukten in unserer Klasse (z.B. mit eigenen Texten, Reden, Präsentationen). | | | | |
| Wir beurteilen unsere Fähigkeiten auch selbst und untereinander. | | | | |
| […] | | | | |

| Bereich: Bewertung | trifft zu | trifft eher zu | trifft eher nicht zu | trifft nicht zu |
|---|---|---|---|---|
| Die Anforderungen an unsere mündliche Mitarbeit werden durchschaubar gemacht. | | | | |
| Aufgabenstellungen für die mündliche Mitarbeit sind verständlich formuliert. | | | | |
| Anforderungen an die mündliche Mitarbeit können wir mit den Unterrichtsinhalten bewältigen. | | | | |
| Im Unterricht erbrachte Leistungen werden gewürdigt. | | | | |
| […] | | | | |

| Bereich: Inhalte | trifft zu | trifft eher zu | trifft eher nicht zu | trifft nicht zu |
|---|---|---|---|---|
| Der Unterricht ist strukturiert und bietet dadurch klare Beteiligungsmöglichkeiten. | | | | |
| Wir können eigene Ideen in den Unterricht einbringen. | | | | |
| Im Unterricht werden Bezüge zu anderen Inhalten so hergestellt, dass vielfältige Beteiligung möglich wird. | | | | |
| Bei Lernschwierigkeiten werden wir unterstützt. | | | | |
| […] | | | | |

| Bereich: Arbeitsklima | trifft zu | trifft eher zu | trifft eher nicht zu | trifft nicht zu |
|---|---|---|---|---|
| Der Unterricht ist durch respektvollen und freundlichen Umgang geprägt. | | | | |
| Der Unterricht konzentriert sich auf die Sache (und vermeidet so z.B. persönliche Geringschätzungen). | | | | |
| Der Unterricht wird selten gestört (bzw. Unterrichtsstörungen werden schnell und dauerhaft beseitigt). | | | | |
| Es herrscht eine angenehme Unterrichtsatmosphäre, die mich in der Beteiligung unterstützt. | | | | |
| […] | | | | |

## Feedbackaufträge für ein arbeitsteiliges Referatsecho

| **REFERATSECHO – INHALTLICHE EBENE** | **Thema des Referats:**<br>**Name(n):** |
|---|---|

☐ ***Folge/Folgen Sie dem Referat aufmerksam und fertige/fertigen Sie gezielte Mitschriften an.***
☐ ***Gib/Geben Sie den Vortragenden gezielte Rückmeldungen ZUM INHALT DES REFERATS anhand der folgenden Leitfragen:***

Folgte das Referat konsequent dem gewählten Thema?

Gab es eine klare und logisch nachvollziehbare Gliederung?

Wurden getroffene Aussagen (durch Quellen oder Darstellungen) belegt?

Gab es in der Darstellung eine deutliche und nachvollziehbare Urteilsbildung?

| **REFERATSECHO – METHODISCHE EBENE** | **Thema des Referats:**<br>**Name(n):** |
|---|---|

☐ ***Folge/Folgen Sie dem Referat aufmerksam und fertige/fertigen Sie gezielte Mitschriften an.***
☐ ***Gib/Geben Sie den Vortragenden gezielte Rückmeldungen ZUR METHODE DES REFERATS anhand der folgenden Leitfragen:***

Wurden Regeln der Quellenkritik in formaler und inhaltlicher Hinsicht eingehalten?

Folgten Zitate der formal üblichen Zitierweise?

Gab es in den Ausführungen eine klare Unterscheidung von Quellen und Darstellungen?

Wurde in der Urteilsbildung eine Unterscheidung von Sach- und Werturteil deutlich?

| **REFERATSECHO – INDIVIDUELLE EBENE** | **Thema des Referats:**<br>**Name(n):** |
|---|---|

☐ ***Folge/Folgen Sie dem Referat aufmerksam und fertige/fertigen Sie gezielte Mitschriften an.***
☐ ***Gib/Geben Sie den Vortragenden gezielte Rückmeldungen ZUM INDIVIDUELLEN AUFTRETEN WÄHREND DES REFERATS anhand der folgenden Leitfragen:***

War die sprachliche Gestaltung (Sprechtempo, Lautstärke, Hochsprache) angemessen?

Bestanden Kontakte (durch Blicke, Gesten) zwischen Vortragenden und Publikum?

Erfolgte ein geeignetes Zeitmanagement innerhalb des Vortrags?

Unterstützten die Körperhaltung sowie Mimik und Gestik den Vortrag?

# Austausch beobachten und kontrollieren

## Begriffswächter

Heute achtest du darauf, dass die Diskussion am **zentralen Begriff (den zentralen Begriffen) unserer Frage ausgerichtet** bleibt.

MELDE DICH MIT DIESER KARTE, WENN DIE DISKUSSION ABWEICHT!

Hilfsfragen:
- ☐ Der zentrale Begriff heute lautet/die zentralen Begriffe heute lauten?
- ☐ Ist die Diskussion zwar nicht mehr genau, aber noch annähernd beim Begriff? → Kann ich erst einmal abwarten?
- ☐ Wird die Richtung der zentralen Begriffe verlassen oder drängen Teilnehmer in eine ganz andere Richtung? → Muss ich eingreifen?

## Perspektivenprüfer

Heute achtest du darauf, dass die Diskussion an **der zentralen Perspektive (den zentralen Perspektiven) unserer Frage ausgerichtet** bleibt.

MELDE DICH MIT DIESER KARTE, WENN DIE DISKUSSION ABWEICHT!

Hilfsfragen:
- ☐ Die relevante Perspektive heute ist/die relevanten Perspektiven heute sind?
- ☐ Ist die Diskussion zwar nicht mehr genau, aber noch annähernd an den Perspektiven ausgerichtet? → Kann ich erst einmal abwarten?
- ☐ Werden die Perspektiven nicht mehr beachtet oder durch Teilnehmer ganz andere verfolgt? → Muss ich eingreifen?

## Ebenenkontrolleur

Heute achtest du darauf, dass die Diskussion an der **zentralen Ebene (den zentralen Ebenen) unserer Frage ausgerichtet** bleibt.

MELDE DICH MIT DIESER KARTE, WENN DIE DISKUSSION ABWEICHT!

Hilfsfragen:
- ☐ Die zentralen Ebenen heute sind (z.B. Politik, Wirtschaft, Gesellschaft)?
- ☐ Ist die Diskussion zwar nicht mehr genau, aber noch annähernd an den Ebenen ausgerichtet? → Kann ich erst einmal abwarten?
- ☐ Werden die Ebenen ganz verlassen oder drängen Teilnehmer auf ganz andere Ebenen? → Muss ich eingreifen?

# Redemittel zur Verfügung stellen

## Gezielt die Position PRO/DAFÜR stärken

+

Du sollst mit möglichst guten Argumenten die Position PRO stärken.
**MELDE DICH MIT DIESER KARTE, WENN DU EINE PASSENDE GELEGENHEIT ZUM EINGREIFEN SIEHST.**

**Sprachliche Anregungen**:

- ☐ Für ________ spricht klar, dass ________ .
- ☐ Da wir zum Begriff ________ diskutieren, ist ________ ein klares Argument dafür, weil ________ .
- ☐ Aus der Sicht von ________ ist die Frage zu bejahen, denn ________ .
- ☐ Politisch (wirtschaftlich/sozial …) gesehen ist ________ ein klares Argument, das die Position ________ unterstützt.

## Gezielt die Position KONTRA/DAGEGEN stärken

–

Du sollst heute mit möglichst guten Argumenten die Position KONTRA stärken.
**MELDE DICH MIT DIESER KARTE, WENN DU EINE PASSENDE GELEGENHEIT ZUM EINGREIFEN SIEHST.**

**Sprachliche Anregungen**:

- ☐ Gegen ________ spricht klar, dass ________ .
- ☐ Da wir zum Begriff ________ diskutieren, ist ________ ein klares Argument dagegen, weil ________ .
- ☐ Aus der Sicht von ________ ist die Frage zu verneinen, denn ________ .
- ☐ Politisch (wirtschaftlich/sozial …) gesehen ist ________ ein klares Argument, das der Position ________ widerspricht.

## Gezielt Fragen stellen

?

Du sollst heute Beiträge anderer hinterfragen, wenn diese unklar, mehrdeutig etc. sind.
**MELDE DICH MIT DIESER KARTE, WENN DU EINE PASSENDE GELEGENHEIT ZUM EINGREIFEN SIEHST.**

**Sprachliche Anregungen**:

- ☐ Du hast gerade gemeint, ________ . Was soll das genau heißen?
- ☐ Bei dir fiel gerade der Begriff ________ . Was meinst du damit?
- ☐ Eben wurde mir nicht ganz klar, für wen die Aussage ________ eigentlich gelten soll: Kannst du das genauer beschreiben?
- ☐ Ist das Argument ________ wirklich für die Politik (Wirtschaft …) gültig? Kannst du das erläutern?

# Teamfunktionen für die Gruppenarbeit (Merkblatt und Protokollvorgabe)

| Teamwork – Übergeordnete Rollen in der Teamarbeit | | | | | |
|---|---|---|---|---|---|
| Teamwork am … | ***Gesprächsleiter*** | ***Fahrplanwächter*** | ***Regelbeobachter*** | ***Zeitmanager*** | ***Präsentator*** |
| 1.: | Name | Name | Name | Name | Name |
| 2.: | Name | Name | Name | Name | Name |
| 3.: | Name | Name | Name | Name | Name |
| 4.: | Name | Name | Name | Name | Name |
| 5.: | Name | Name | Name | Name | Name |
| 6.: | Name | Name | Name | Name | Name |
| 7.: | Name | Name | Name | Name | Name |
| 8.: | Name | Name | Name | Name | Name |
| | **Achte auf …**<br>☐ die Mitwirkung aller;<br>☐ das Ausreden aller;<br>☐ die Qualität aller Beiträge;<br>☐ die Atmosphäre. | **Achte auf …**<br>☐ die Aufgabenerfüllung;<br>☐ ein planmäßiges Vorgehen und einen zielgerichteten Blick aufs Ergebnis. | **Achte auf …**<br>☐ die Aufgabenerfüllung;<br>☐ ein faires Miteinander;<br>☐ das strikte Einhalten verabredeter Regeln. | **Achte auf …**<br>☐ die Zeitvorgabe;<br>☐ nötige Übergänge;<br>☐ das Vermeiden von Verzögerungen. | **Achte auf …**<br>☐ das Verständnis aller Details im Ergebnis;<br>☐ das Vorbereiten hilfreicher Methoden. |

# Register

Im Register finden sich nicht nur alle ausführlich dargestellten Tipps und Methoden, sondern auch die als Alternativen benannten Methoden sowie die Vorlagen im Anhang. Verwiesen wird auf die entsprechenden Abschnitte im Buch; die wichtigeren Abschnitte werden jeweils zuerst genannt.

# Jederzeit optimal vorbereitet in den Unterricht?

»